U0605505

中华 爱国 人物故事

ZHONGHUA AIGUO RENWU GUSHI

四海为家徐霞客

刘丁柔　隋加平　编著

吉林人民出版社

图书在版编目(CIP)数据

四海为家徐霞客 / 刘丁柔,隋加平编著. -- 长春:
吉林人民出版社,2011.5
(中华爱国人物故事)
ISBN 978-7-206-07874-3

Ⅰ.①四… Ⅱ.①刘… ②隋… Ⅲ.①徐霞客(
1586~1641)-生平事迹 Ⅳ.①K825.89

中国版本图书馆CIP数据核字(2011)第075850号

四海为家徐霞客

SI HAI WEI JIA XU XIAKE

编　著:刘丁柔　隋加平
责任编辑:葛　琳　　　　　　　封面设计:七　洱
吉林人民出版社出版 发行(长春市人民大街7548号　邮政编码:130022)
印　刷:鸿鹄(唐山)印务有限公司
开　本:670mm×950mm　　1/16
印　张:8　　　　　　　字　数:70千字
标准书号:ISBN 978-7-206-07874-3
版　次:2011年5月第1版　　印　次:2021年8月第3次印刷
定　价:35.00元

如发现印装质量问题,影响阅读,请与出版社联系调换。

总　序

胡维革

　　《中华爱国人物故事》是一套故事丛书。它汇集了我国历史上80位古圣先贤、民族英雄、志士仁人、革命领袖、先进模范人物的生动感人史迹，表现了作为中华民族优秀传统的伟大的爱国主义精神。

　　爱国主义是人们对于"生于斯、长于斯、衣食于斯"的祖国的一种神圣感情，是人们对于自己民族的一种强烈的责任感和使命感，是感召和激励整个中华民族的一面永不褪色的旗帜。在漫长的历史上，爱国主义一直激励着中华儿女为祖国的独立、统一、进步和繁荣而英勇奋斗。从伟大的思想家教育家孔子到统一全国的千古一帝秦始皇，从秉笔直书著《史记》的司马

迁到鞠躬尽瘁死而后已的诸葛亮,从伟大的浪漫主义诗人李白到精忠报国的民族英雄岳飞,从七下西洋传播友谊的郑和到抗击倭寇的民族英雄戚继光,从苟利国家生死以的林则徐到为变法流血的第一人谭嗣同,从威震敌胆的抗联将军杨靖宇到人民音乐家聂耳与冼星海,从踏遍青山人未老的李四光到万婴之母林巧稚,从县委书记的好榜样焦裕禄到情系雪域献身高原的孔繁森……都表现出了强烈的爱国主义精神。正是由于热爱祖国的人们前仆后继地奋斗,国家和民族才得以生存,历经一次次历史危急关头而能转危为安,走向兴盛和富强,从而屹立于世界民族之林。爱国主义是鼓舞中华儿女历经忧患、跨越沧桑、百折不挠、自强不息的伟大力量,它贯穿于中华民族的整个历史,并有力地凝聚着五洲四海的中国人。

爱国主义是一个历史的范畴,在社会发展的不同阶段、不同时期有着不同的具体内容。革命时期,需要我们为祖国的独立自主出生入死;建设时期,需要我们为祖国的繁荣富强增砖添瓦;在全国各族人民团结一心建设富强、民主、文明、和谐的社会主义现代化国家的今天,我们要争做一名新时期的爱国者。新时期的爱国者要有强烈的民族自尊心和自豪感。民族自尊心和自豪感是任何时期任何爱国者都必须具备的情感。民族自尊心能增强我们自立向上的恒心,民族自豪感能树立我们建设祖国的信心。要树立"祖国高于一切"的崇高信念,为了祖国和人民的利益不惜抛却个人的利益,甚至不惜牺牲个人的生命。要树立终身学习的理念,拓

宽自己的知识面，广泛吸收新知识新技术，完善自身的知识结构，更新学习知识的方法与理念，从思想上、知识上充分武装自己，为祖国的繁荣昌盛贡献力量。

爱国主义思想的继承和发扬，是关系到民族盛衰、国家兴亡的根本问题。一代代人爱国主义思想情操的形成，需要不断地培养。培养爱国主义的一个重要途径是向爱国主义的英雄人物和典范事迹学习。这套丛书的出版，对于人们向英雄和先进人物学习，特别是对于在中小学生中进行爱国主义教育，将可提供一些生动的教材。祝愿此书出版发行成功，为培养"四有"新人做出贡献。

于 2011 年 4 月 23 日

世界读书日

中华爱国人物故事

编委会

策　划：胡维革　吴铁光
　　　　林　巍　李达豪
主　编：胡维革　邢万生
副主编：贾淑文　吴兰萍

编　委：(按姓氏笔画为序)
　　　　于二辉　门雄甲
　　　　刘士琳　刘文辉
　　　　孙建军　李相梅
　　　　李艳萍　杨九屹
　　　　谷艳秋　陈亚南
　　　　隋　军　韩志国

目 录
CONTENTS

目 录。
CONTENTS

奇人家乡

　　江苏省江阴县（今江阳市），素有"江防要塞"之称。其城南四五里的马镇，有个朴素的村庄叫作南旸岐，这个河汊纵横、芦苇荡漾的地方，便是徐霞客的故乡。

　　明朝万历十四年十一月二十七日（公元1587年1月5日），徐霞客出生了。徐家是村里的大户人家，有五进的大院子（至今仍保存着前三进的院子）坐落在村东。正厅前面的天井东侧还有一棵高大的罗汉松，相传为徐霞客移栽在庭院的。

　　霞客出生后，家里为他取名弘祖，字振之。别号（也叫雅号）"霞客"。据讲其母王氏身怀六甲时，做了个奇异的梦。导致他出生后"绿眼炯炯，十二时不瞑"（就是瞳仁大而亮，眼睛很长时间不闭），故被见者称为"餐霞中人"（餐霞，就是指有仙气），所以用"霞客"为别号。另外的说法是，由于他平生游踪飘然如天上的云霞，

所以朋友们赠他的雅号"霞逸""霞客"。

说到徐家，可谓名门望族。其祖上远在宋朝时，就曾经是京城里的大官。公元1126年，当金兵攻入汴京，建立金国，定都金中都（今北京市）时，徐家便跟随宋王朝仓皇南迁，定居江南。也就是历史上的南宋时期了。又过了一百五十余年，至公元1279年，威猛的忽必烈大军灭了南宋，建立了元。徐家为了表示对故国的效忠，发誓不出任元朝的官，因而隐居乡里。公元1368年，朱元璋当了皇帝，推翻了元的统治，被称为明太祖。永乐十九年（1421年）明成祖迁都北京。直到这个时候，徐家才又有人出来做官了。霞客的祖父徐衍芳，曾就任过七品官吏。其族谱上记载着，这位"博综典故，出入风

徐霞客

雅"的大人，是徐氏"南旸岐大宗"的开基之祖。说他"生卒失考"，但也有文章记载是卒于公元1563年。如此看来，徐霞客是没有见过其祖父的。不过，这祖孙二人不仅有血缘亲情，而且还因为一棵树——罗汉松而惺惺相惜！

这棵罗汉松，亭亭如盖，至今还枝繁叶茂地生长在霞客的故居里！

这棵罗汉松其年龄比霞客还大。个中缘由是这样的：据说，霞客祖父曾于京城带回一盆景罗汉松，直至霞客手中，才把它移栽到庭院里了。

原来，霞客在旅途中每每看到树荫夹道，或参天摇翠，或郁然如山，不禁慨叹祖国山河地气之盛。无独有

徐霞客故居

偶，这棵被他移栽在故乡肥美土地上的罗汉松，亦得地气之盛，生机勃发，壮硕成长。更为神奇的是，这棵并不算高的罗汉松，干粗需两人合抱，且上下几乎同粗细，通直而立，无枝无蔓，顶如绿云华盖，苍翠欲滴。数百年来，尽管经历了风霜雨雪，仍沐浴着朝阳月色！

人们说，它曾在某个电闪雷鸣的夜晚被拦腰劈断，遭受重创。然而，它却依然挺立着，并从折断的创口处发出幼芽新枝，昂扬地宣示它生命的伟力。亭亭罗汉松，不就像是徐霞客本人的人生写照吗？就是这棵罗汉松，是数百年后其故居里唯一带有鲜活生命色彩的遗物，可见它的弥足珍贵。

另有说法是此罗汉松的盆景为霞客的父亲从京城带回来。其父徐有勉是位颇有品位且懂情调的读书人。他看透了官场的腐败，便笃定宁可在乡间读书、写字、养花弄草，搜罗奇石怪木，也绝不为官，甚至不肯结交头顶乌纱的官僚。不过，他却三步五时的邀请朋友，前往苏州的虎丘、杭州的龙井，或游览名胜，或采摘新茶，谈诗论文，自得其乐。

一次，需有勉与几位朋友在一起喝茶闲聊。其中一位朋友问他："你家有田有钱，为何不花些银两，谋个官职？"他看了看这位仁兄，道："莫非尊驾不晓得我生性厌恶为官？何况捐个官职这种龌龊之事，仁兄竟说得如

此轻巧！仁兄若还当我是朋友，还请今后再勿提及此等事情。"

后来还发生过这样的事儿。一日，有勉在庭院中修剪花木，仆人来报，说有两位官员要前来拜访，轿子就快进村了。他一听，忙丢下工具躲进了屋后的竹林里。再后来，一旦听说有官员造访，他就干脆到太湖游玩去了……

父亲的这种秉性、气质和人生态度，给徐霞客带来了深深的影响。他自幼天资聪颖，进私塾读书，能过目成诵，提笔成章。其先祖曾建有万卷楼，到了父亲那一辈，仍藏有大量书籍。这也为霞客自小博览群书创造了良好的条件。霞客爱读书，尤喜阅读古今史籍、地理方

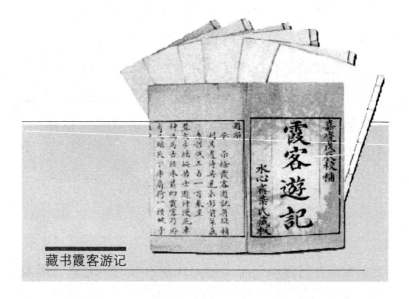

藏书霞客游记

志、山海经和游记一类的书籍，对先生要求必读的《三字经》《千字文》，以及"四书五经"之类不甚喜好，但也能熟读成诵。

有次上课，先生正襟危坐地传授《论语》，一名学生哧哧地笑起来。大家回头一看，竟是霞客！原来，他把《水经注》放在《论语》下面，偷偷地看得兴起，不禁眉飞色舞，笑出声来。先生颇为恼火，梆梆梆地敲着戒尺，责令他把刚刚讲授的《论语》背出来。霞客起身向先生鞠了一躬，朗声背起："子曰：君子食无求饱，居无求安。敏于事而慎于言……"老先生非常惊讶，打断他说："唉！可惜可惜，你这般聪颖，却不苦读读圣贤书，否则，将前途无量也！"只好无奈地摇摇头，并将《水经注》还给他。他回敬先生深深一揖的顽皮样子，再一次把同学们逗得哄堂大笑。

徐霞客读书又爱书，被人称为"博雅君子"，见到没有读过的书，一定会立即购买。如果身上银两不足，他甚至会干脆地脱下衣服，与人换书。他对书的喜好，终生未变。晚年游桂林时，听人说"十字街东口肆中，有《桂故》《桂胜》，及《西事珥》《百粤风土记》诸书"，他立刻拉着游伴前去买来，并伴着窗外夜雨，秉烛而读。

由于族长的压力，16岁的徐霞客曾勉为其难的到县城江阴参加了一次科举考试。结果当然是未能考中，不过，他却趁此机会登上了城北胜迹君山以及附近濒江的山峦，第一次看到了滚滚长江。面对汹涌而来的大江之水，他情不自禁地背诵起《水经注》中《江水》篇来："江水又东，迳广溪峡，斯乃三峡之首也……每至晴初霜旦，林寒涧肃，常有高猿长啸，属引凄异，空谷传响，哀转久绝。故渔者歌曰：'巴东三峡巫峡长，猿鸣三声泪沾裳'……"他站在山巅望江徘徊，思绪疾飞，"难道这就是《禹贡》里所说的'岷山导江'的长江吗？"看着大江东去，他既兴奋，又有了疑问。此后，通过大量的阅

徐霞客雕像

徐霞客故居

读，他开阔了眼界，发现前人之说未必都对，有许多只是一脉相承，或自相矛盾、以讹传讹罢了。尤其是山川的真实面目，多为经志籍所遮盖了。面对翻滚的江水，他立下了探索大自然的壮志。正如他自己所说"余髫蓄五岳之志"（我幼年就怀有游历五岳的志向），而此时此刻，正应了他的"不做盆中景，要做凌霄松"的远大志向。

母亲的鼓励

自从登君山观长江后，徐霞客读起书来，更加勤奋了。因为做着"读万卷书，行万里路"出游考察的准备，所以幻想着那无边的快乐。可此时，家里发生了件意想不到的事情：父亲被强盗绑架了！费了九牛二虎之力才把老爷子赎了回来。但是由于惊吓过度，心怀忧愤，体弱多病的徐老先生，不久就谢世了。

这时，霞客19岁。父亲的遭遇，使他加倍看清了动荡的晚明社会的黑暗。他发誓绝不走仕途，而要走一条自己的路——把自己的才华抱负献给祖国的大好河山。

南旸岐村前有条叫沈塘河的小河，河上有座石板桥，被称为胜水桥。石桥的两端，有用条石砌成的石级。石级承载着宽大平直的石板，连通两岸。霞客年幼时常与村里的小伙伴在河中戏水，于岸边茫茫芦荡里刨芦根、芦笋，或者捉迷藏。更多的时候，他喜欢独自一人站在桥上，望着远去的船只，驰骋他年少的美丽梦想。他知道，顺着沈塘河出去，可以到马镇、到古老的运河、太湖无锡，到很远的地方……"什么时候，我才能一览山河之胜呢？"他扯一根芦苇，轻轻地吹起了芦哨……

作为母亲，王氏很清楚儿子的才华和志向。她是位普通而又了不起的母亲！因为她的目光远大，心胸开阔，尽管出身封建大家庭，却不拘泥于保守的传统思想。所以，霞客的父亲去世后，她独立支撑门户，管理家政，

徐霞客故居

并督促子孙精进学业。里里外外处置得井井有条，顺顺当当。

虽然家有万亩地，不愁钱粮，但她还是带领家人仆役，自己动手。庭院的篱笆周围被她牵绳搭架建了很大的豆棚。豆藤顺着高棚支架，抽条引蔓，绿荫满堂。每当果实累累时，家人便采摘盈筐，分别送给亲族乡邻，剩下的一家人品尝。她给这个小庭院取名"碧云庵"。收了豆，她还把豆藤一把一把捆扎起来，供冬天做饭取暖。这些捆扎好的豆藤，也有被取了好名字，叫"长命缕"。

除了种豆，她最出名的就是纺纱织布了。她织的布，

故居对联
足踏千山晴气得　胸纳四海妙诗来

光鲜亮丽轻软如蝉翼。赶集的时候，人们都愿意买她织的布。她教育子孙们："人要过好日子，靠的是勤劳，勤能补拙。尽管村里家家织布，为何大家独爱我们家的布呢？那是因为我们家织的布能和细绢媲美。读书也是一个道理，要取得好成绩，就要勤奋努力。"她对儿孙的言传身教，远近闻名，传为佳话。而理解、支持霞客"展遍五岳，无负七尺男子"的壮举，更体现了母亲的博爱与胸怀。

因为圣人说过"父母在，不远游"，所以徐霞客对外出"远游"是有顾虑的。他身为孝子，在父亲辞世后，理应在家中侍奉母亲，怎么可以出远门呢？然而，母亲鼓励他说："圣人说'父母在，不远游'，是说孩子独自出门做父母的总是放心不下。不过，圣人不是也说'游必有方'了吗？你呀，只要出门前选好了方向，计划好行程，到时候，尽可能按时回来就可以了。妈相信你！儿就放心大胆地去吧，不要有什么顾虑！好男儿，志在四方，不能为了我，让你变成笼中鸟儿，辕下马。那样捆住了手脚，困在家里。儿去游览名山大川，施展才干，实现自我抱负才是。记得回来时，把出行的路线图拿给妈看，给妈讲讲旅途的山水风光、奇闻趣事、风土人情，让妈也长长见识，我就心满意足了！"说着，她拿出一顶专门为了霞客出游而做的帽子，对霞客说道："儿啊！妈

也没什么物件能送给你，就为你缝制了这顶'远游冠'，你在路上用它遮阳挡雨吧！……"

徐霞客双手接过"远游冠"，感动地跪在母亲面前，喊了声"慈母大人"，便泪流满面，不知道该说些什么了。他在心里暗暗地说："娘啊，儿子决不辜负您老人家的期望！"

徐霞客在自己22岁那年，也就是万历三十五年（1607年），戴上了母亲给他的"远游冠"，在王氏地亲自护送下，过了胜水桥。登上了远游的小船。自此，开始了他问奇于名山大川的出游。

每次出游归来，他总是采些奇花异果，或名贵药材，

故居思霞厅

献给母亲。王氏呢，一面听他兴致勃勃地讲述天地之大、风俗之异、山川之胜、文物之丰，一面烹制可口的饭菜，为他接风洗尘。

这样往返十余载，霞客觉得母亲年事已高，还在助自己远行，心中实在不忍，便想依照古训不再远游，在家照顾老母，以尽人子之孝。王氏敏感地察觉到了儿子的心思，笑着对他说："妈不是多次告诉过你吗？我能吃能睡，身体硬朗着呢！不要老为我担忧，这不，我还一直想和你一起走一趟呢！"

没过多久，霞客真的陪着73岁的老母亲，游历了荆溪（今江苏宜兴）的善权、张公二洞。一路上，王氏神清气爽，十分开心，常常为了不甘示弱而走在儿子的前面。甚至在她80寿诞的时候，还让霞客陪着她游历了荆溪和茅山（以道教闻名）。所以也有人说徐霞客健足凌云，是来有遗传。

为庆贺母亲的80大寿，徐霞客怀揣着对母亲的孝敬与感恩，请了位画家为母亲绘制了《秋圃晨机图》，还请了许多文坛墨客为之纷纷著文题诗。其中有一首题诗中这样写道："豆花棚下鸣机杼，萱草堂中授简编"，正是描绘了徐母在豆棚绿荫下纺线织布的机杼声和子孙们的朗朗书声相应和的生动场景。

母亲逝世后，徐霞客虔诚地精选了一批石料，请工

匠将85位知名人物的94篇诗文镌刻成76块碑版，镶砌
在取"四月清和雨乍晴，南山尚广转分明"之意的"晴
山堂"内，为后人留下了一笔极为宝贵的文化财富，这
也是研究他生平及家族的重要资料。

徐霞客故居里

二访天台山

　　徐霞客的旅行，首先是从家乡附近的太湖开始的。在其考察计划中，他采取先近后远，逐步扩大范围的方式，这是源自他放心不下家中年迈的老母，为免老人家挂念，所以每次来去可谓匆匆太匆匆。除此之外，也符合他逐步积累经验、扩大考察成果的考虑。

　　太湖是国内著名的第二大淡水湖，面积有2250平方千米，湖中散落着大小岛屿48座，会同沿岸的山峰，被世人并称为"七十二峰"。太湖的风光之美享誉海内外，一碧千顷的

太湖

湖面气势磅礴，点缀湖面的各岛秀丽多姿，沿湖环抱着景色优美的园林、历朝历代的名胜古迹。尤其是坊间流传的关于吴王夫差、越王勾践、范蠡及西施的传说，更为太湖平添了无穷魅力。徐霞客于1607年首次出游，便泛舟太湖之上，饱览了湖光山色，并且登临位于太湖之中的洞庭东山和洞庭西山。其中洞庭西山为湖中最大的岛山，面积约90平方千米，岛上主峰缥缈峰海拔336.5米，巍然屹立在岛中央，想必霞客也曾登顶。不过其游太湖的文字并未流传下来，所以难以窥得他的具体行踪。

在徐霞客的旅行日程表上，他到浙江雁荡山和天台山游历的经过，是值得记上一笔的。因为在万历四十一年（1613年）和崇祯五年（1632年），他曾经两次登临天台山，三次游历雁荡山，而后一次和前一次几乎相距20年，这也说明他对雁荡山和天台山的秀丽景色，是十分眷念的。

天台山徐霞客雕像

蜿蜒于东海之滨的天台山，位于天台县境，是浙江省境内一座风景

优美、兼有山海之胜的名山，大约在一亿两千万年中生代，山火山活动残留的花岗岩构成，它山势雄奇瑰丽，主峰华顶峰高达1318米，登临其巅，可遥望烟波浩渺的东海，故又名"望海尖"。山中众峰争秀，飞瀑奔泻，且有曲折深邃的洞穴和景色佳丽的幽谷。不仅如此，天台山还是我国佛教天台宗的发祥地，著名的隋代古刹——国清寺，便是隋朝开皇十八年（公元598年）所建，经历代兴修，成为拥有六百余间屋宇的大型建筑群。此外，还有众多古迹和摩崖石刻，具有很高的艺术价值。

徐霞客第一次游览雁荡、天台二山，是万历四十一年（1613年）三月末至四月中旬，前后历时16天。其中游天台山9天，游雁荡山7天，中间还包括从天台山赶至雁荡山的路途，可见日程安排是相当紧的。

徐霞客是从家乡经杭州、绍兴、宁波游完洛迦山，转道前往宁海县向天台山进发的。徐霞客用了两天时间，走小路抵达万山丛中的天封寺。一路上十分荒凉，听说这一带常有老虎出没，村民被老虎咬死咬伤的事多次发生，可见当时山深林密，野兽很多。徐霞客在日记中写到"上下高岭，深山荒寂，泉轰风动，路绝旅人"，有的地方，山民和庙里的和尚不得不将山上草木烧光，为的是担心老虎藏身其中伤害过往行人。

徐霞客到达天台山后，按照路程的远近，首先攀登

天台山的最高峰——华顶。他于四月初三清晨，经华顶庵、太白堂，"循路登绝顶"。这天天晴日朗，是登山的绝好机会。当他到达海拔1 138米的华顶峰时，寒风扑面，只见山顶上没有树木，只有成片枯萎的荒草还没有从冬天的严寒中苏醒过来，草上结了一层厚厚的冰霜。环顾四周稍低的岭，山上的树木都披上了银装，如同玉树银花一般好看。但是在山脚下却已经是山花盛开，争奇斗艳了。徐霞客由此得知，山顶与山麓的气候是不同的，山顶因为高寒，所以山花迟迟未能开放。

从华顶峰下来，徐霞客接着观赏了石梁飞瀑，这是有名的天台八景之一。这里两山对峙，山腰间有一块天然的巨石，如同横空突现的屋梁，飞架于两山之间。石梁下面有一泓碧潭，潭水奔突而出，形成高几十丈的瀑布，直捣深谷，卢震如雷。徐霞客到达下方广寺时，仰

天台山

望石梁飞瀑，忽在天际，他听庙里的和尚说，下游还有断桥、珠帘水，景色更美。匆匆吃完饭，他便立即出发，沿着山涧，追踪瀑布的去向。走了八九里，只见奔腾的瀑布水流从山岩夹峙的石门泻下，曲折旋转，最上是由两岸伸出的岩石形成的几乎相连的"断桥"，冲向岩石的水流碎裂迸射，汇入深潭；中间一处的瀑布因两岸巨石对峙，如同道很窄的门，流水被门束缚，轰然奔腾，其势汹涌；最下面一处是开阔的深潭，瀑布如同从突起的门槛泻下。这上下三级相连的瀑布，"俱高数丈，各极神奇"。又向下游走了一里多路，即是珠帘水，在这里水势散缓，如万斛明珠，轻若无声地飘洒而落，徐霞客喜不自禁地赤足跳入草丛中，手攀树枝在崖边走来走去，从各个角度观察了瀑布的雄姿。

徐霞客为飞瀑喷雪的景色所吸引，意犹未尽，这时天色已晚，他只好返回庙里。第二天清晨，顾不上吃早饭，徐霞客又直奔石梁旁的昙花亭，这里是观石梁飞瀑的最佳位置。石梁是架在两山之间的一块天然巨石，形成一座天然的石桥，两条瀑布从昙花亭左边奔流而至，在石梁底下汇合，突然坠落百余丈，如河堤溃决，声若雷鸣，他冒着危险从仅有一尺来宽、三丈长的石梁走过去，从高悬的石梁上俯瞰瀑布轰然泻入深潭的壮观，也不禁感到毛骨悚然。

天台山古刹

　　徐霞客当晚住在国清寺，向寺里的僧人云峰打听还有哪些奇景可看。云峰告诉他：天什山的名胜莫过于县城以西的寒岩和明岩，路虽然远些，可以骑马去。另外，还能步行到桃源山，"桃源春晓"是天台八景之一。顺便还可看看赤城山，"赤城栖霞"也是天台八景之一。至此，天台山的美景一览无遗了。

　　第二天，徐霞客冒雨骑马走了50里地，涉水渡过水流甚急的南溪，这时雨也停了，眼前峰萦水映、木秀石奇，风景秀丽的寒石山果然名不虚传，徐霞客欣喜不已，也忘记了旅途劳顿。

　　相传唐朝有名的僧人寒山、拾得遁世隐居，放荡不羁，且以诗名传世。这两位诗僧的隐身之处，就在寒石

山中的明岩，明岩又叫明岩山。这是一处四围峭壁如城，里面有深数丈、可容几百人的大洞穴。徐霞客兴致勃勃地寻访明岩附近的胜迹，攀岩探幽，直到夜色升起，才回到寺中歇息。

第二天清晨，他又赶到六七里外的寒岩，寒岩又叫寒岩山，在明岩西边，石壁峭立，直上直下，上面有很多洞穴，其中有一个洞穴阔80丈，深百余步，据传这里是寒山和尚生前住过的地方。宋代书法家米元章题有潜真洞三字。附近有寒岩寺、鹊桥等胜迹。当天，徐霞客又找到竹筏，沿着山涧的溪流而下，只见峭壁悬崖之上草木盘垂，山花烂漫，溪水倒映着花草的倒影，山风吹来阵阵幽香，景色美不胜收。不多时到了山涧急流拐弯处，水流湍急，石壁直插涧底，竹筏不能通行。徐霞客只得攀上崖壁凿出的小孔，小孔只能容下半只脚，他将全身贴着岩壁，小心翼翼地挪动双脚，好不容易才脱离险境。回程时又迷了路，太阳落了山还没有找到投宿之处。

经过几天的寻访游历，天台山的胜景剩下的不多了。最后两天，他先去桃源山小桃源洞附近的桃花坞，这里是一片山间平地，遍植桃树，桃花盛开时节，花光射目，煞足好看，那片片花瓣落入溪水之中，随水而下，更是一番诗情画意。此处有一深潭，潭水碧绿清澈，瀑布从

上游注入潭中，两旁高山夹峙，山峰拥翠，溪水在乱石中奔流，发出叮叮咚咚的声响，涧随山转，水声十里，故名为鸣玉涧。徐霞客对此赞叹不已，认为这里的景色胜过寒石山。

翻过了两重山岭，徐霞客去寻找天台山的另外两处胜景，当天他经过几番周折，走了不少冤枉路，最后才打听列所谓的琼台、双湖是在山顶上。于是，寻路攀崖，到达山崖，见到琼台是三面绝壁的马鞍形山峰，台上有块石头状若座椅，俗称"仙人座"。琼台周围，崖壁对峙，削立千仞，下俯溪潭，夹溪各有一座小山，形同古代皇宫前方两旁的侧楼，故名双阙。这时暮色升起，徐霞客匆忙下山，因为回到国清寺还有30里路哩。

天台山

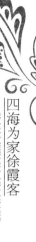
　　第二天从国清寺去赤城，路程不远。赤城是一座山顶圆形的石壁隆起，望去如城墙的山峰，岩石呈微红色，山巅耸立一座建于南北朝梁代的赤城塔。

　　至此，徐霞客的第一次天台山之行结束了。

　　徐霞客再度探访天台和雁荡二山，已是1632年（崇祯五年），与他首次出游到此相距已达19年，徐霞客这时也已47岁。在这近20年间，他的足迹遍及祖国南北的名山大川，他的思想更加成熟，探索大自然的目的性也更加明确，和早期的泛泛游览已不可同日而语。这从他在旅行中侧重观察的内容，可以看得出来。当然，徐霞客所以重游天台、雁荡，一个重要原因，乃是第一次游历时行程过于仓促，未能对天台、雁荡二山的山势水脉细细考察，尤其是与雁山绝顶的湖泊失之交臂，使徐霞客一直引以为憾。

　　崇祯五年三月四日，徐霞客自浙江宁海县骑马向天台山进发，和首次来访的路线基本相同。天台山最高峰——华顶峰观日出，是一件赏心悦目的快事。上次未能如愿，因此，这次他见月夜明莹，便借宿于华顶寺，其地距山顶仅3里。他乘着月色独自上山，登上东峰的望海尖，后又至华顶，直至夜深才返回华顶寺。次日凌晨，徐霞客又披着月色直上华顶，观看了气势壮观的日出景象，衣裳和鞋子全都被露水打湿了。

此后两天，徐霞客经龙王堂、寒风阙、大悲寺，从国清寺下到天台县，然后前往高明寺，探访幽溪附近的名胜——圆通洞、松风阁和灵响岩，继而沿着螺溪溯流而上，践石蹑流，找到了溪水的源头，即从石笋峰飞出的悬溪，下汇为螺溪潭。

在这期间，徐霞客于三月二十四日抵达天台县，突然改变计划，前往雁荡山，一直到四月十六日才返回，前后计有26天。

从雁荡山归来，徐霞客又用了3天时间，游历了天台山以西的名胜。他目睹了岩色如丹霞、顶巅高塔耸立的赤城山，登上半山腰的香云洞、瑞霞洞、华阳洞，继而来到坐落在群峰环绕、平畴一围之中的桐柏宫。该庙为唐代景云二年（711年）所建，乃东南道教圣地。徐霞客见到的桐柏宫已颓圮，唯中殿仅存，已无道人住持。附近农民见他来游玩，感到非常新鲜，纷纷跑来询问，可见当时是很荒凉的。

徐霞客由桐柏宫西行3里，翻越两重山岭，再一次游览了琼台和双阙，对这里的地形和山脉走向做了一番考察。第二天，他重又兴致勃勃地游历了寒岩和明岩。穿过莽棘丛生的无人之径，探访了龙须洞以及明岩寺后面的洞窟。

最后一天，徐霞客游览了桃源。"桃源春晓"是天台

山著名的景色，流传着名叫刘晨和阮肇的两个青年入山采药遇到仙女的民间故事，至今桃源坑的峭壁上还有桃源嗣，洞畔有两座婉约多姿的"双女峰"。不过，徐霞客的兴趣并不在寻找神仙洞府，而是沿着翠壁穿崖夹峙的溪流，追溯它的上源。他来到溪水的源头，只见几丈高的瀑布从陡壁上奔泻而下，便从岩壁的丛莽中寻路而上，一直来到瀑布的上流，这才发现峡谷之内复有峡谷，瀑布之上还有瀑布，一直伸延到西北方的山岭之外。从重重瀑布中出来，徐霞客又乘兴沿着秀溪，经过九里坑，穿行在乱峰森立、一瀑中坠的丛山之中，最后来到五峰围拱中的万年寺。至此，他的天台之行才告结束，已是四月十八日了。

天台山

三探雁荡山

　　徐霞客以三十余年的游踪，问奇名山胜水。他先后登览过哪些名山呢？让我们来数一数：泰山、天台山、雁宕山（雁荡山）、白岳山（齐云山）、黄山、武夷山（霞客登时亦称武彝山）、九华山、庐山、嵩山、太华山、太和山（武当山）、五台山、恒山，还有云南的高黎贡山、点苍山、鸡足山等等。众多的名山胜迹，让他流连忘返，欣喜若狂。

　　霞客登泰山的时间较早，可惜没有留下日记，或者日记散失了。那时他风华正茂，可以想象他登泰山，面东海，迎红日，高声诵读杜甫的《望岳》诗："岱宗夫如何？齐鲁青未了……会当凌绝顶，一览众山小。"那种意气风发的情怀。

　　有的名山，霞客不止去过一次，而是一而再，再而三地去拜访，如出游浙江，他曾三游天台山，三上雁荡

雁荡山龙口湖

山。

天台山简称台山，在浙江天台县北边，是浙东的名胜地。山中有很多寺院，其中，建于隋代的古刹国清寺中就有唐代高僧、著名天文学家僧一行的遗迹。这里还流传着东汉的两个人进山采药，迷路遇见仙女的传说。徐霞客曾三游天台山，第一次是万历四十一年（1613 年）农历三月的最后一天出游，历时八天。《游天台山日记》不仅是这次览胜的纪录，也是整部《徐霞客游记》的开篇之作。这次他和莲舟大和尚同行，经绍兴、宁波，渡海东游普陀洛迦山后，前往天台山。他落笔即写道："自宁海出西门。云散日朗，人意山光，俱有喜态。"一种出

游的欢喜之情，洋溢在他的脸上。在他的眼睛里，他那轻快的脚步下也写满了喜悦！

可是走不多远，有采药人告诉他们："此地于菟夹道，月伤数十人。"

再看上下高岭，深山荒寂。那是人们因惧怕老虎躲藏密林草丛中，而把草木烧光造成的。此时天色已晚，他们只好在采药人的指引下找人家住下来。

说到老虎，霞客在后来的日记中常有提及。当年冒雪上嵩山，游少林寺后下土山时，"忽见虎迹大如升"（升，旧时量粮食的器具）。在游武当山时，途中蹊径狭窄，"且闻虎暴"。在湖南旅行，见一荒庙圮刹，"两年前虎从寺侧攫一僧去，于是僧徒星散，豺虎昼行，山田尽芜"。在广西，他栖身真仙岩洞中，到深夜听到很吓人的吼声，早晨起来一问，才知"乃大虫（老虎）鸣也"。至于云贵崇山茂林间，更是虎患颇多，在高黎贡山腾冲一带，甚至夜里有虎咬死军营长

雁荡山瀑布

官的马匹，因此军士都要搜山觅虎。哎哟，那时大老虎
真多啊！

且说徐霞客一行在天台山漫游数日，所见景色真是
奇妙。那翠绿丛中绽放的杜鹃花，映红了山壁。而上到
高高的华顶，则山高风冽，草上都结了一层白霜。岭角
那盛开的山花，在这山顶上反而不吐露它们美丽的色彩。
霞客说，这是因为太寒冷了的缘故。有一块巨石，居然
倒斜在两山之间，被人们称为"石梁"（石桥）。石梁两
边的山上，飞瀑直下，到了石梁又合流下坠，从下仰视，
飞瀑仿佛来自天际。霞客壮着胆子从石梁上走过，往下
看一眼，不禁感到毛骨悚然。

一路走来，峭壁嶙峋，草木佳卉，最多的是海棠紫
荆，微风送来玉兰芳草的清香……真让人陶醉啊！因为
要定期而归，霞客心想，许多妙境，只好留待下次再来
了。

这个"下次"，一等就是好些年，一直到崇祯五年
（1632年）三四月间，霞客又分两次畅游天台山。特别是
第三次重游，他深入到赤城山中的许多岩洞仔细观察，
同时探明了山间溪流、瀑布的源头、流向和分合地点。
这不仅使他的出游经历更加充实，也赋予了"游记"特
殊的科学价值。

而三上雁荡山使他以自己的亲身亲历，纠正了《大

明一统志》关于大龙湫水发源地的错误记录。

雁荡山位于浙江温州地区，以乐清东北的"北雁荡山"最富胜景。"荡"意为有水有草的洼塘，雁荡山顶的湖，秋雁南归多栖于湖中，故而得名。

徐霞客第一次游雁荡山，是在游了天台山之后借道黄岩，直赴雁荡山。登上盘山岭，只见雁荡群山，好像一朵朵盛开的荷花，那花瓣儿，一片片扑入眼帘。在灵峰道上，转过一个山湾，满眼危峰乱叠，有的像并肩而生的竹笋，有的像秀拔挺立的灵芝，有的像直插云天的巨笔……

几天来，霞客细观龙鼻水，轻抚僧拜石。在云静庵，一位卧床数十年的道人，居然还能和他谈笑。他神飞雁湖山顶，想尽快登上峰巅，便请道人的徒弟当向导。每人各拄着一根竹杖，一步一喘向高巅走去。虽然他觉得东边一峰"昂然独上"，应是最高峰。但向导在告别时却说，湖荡在西边一座山峰上，还要再翻三座山峰。

于是，霞客和仆人按向导所指走去，发现不对头，又折转回来，向东边那座高峰攀登。同行的莲舟大和尚已疲惫不堪，不能再走，他就带着两个仆人前行。山越高，山脊越陡峭，他们如行刀背，而石片又棱棱怒起，有如从刀剑隙中攀缘而上。霞客很是怀疑，这里无容足之地，怎么能容得下一个大湖呢？

那高峰尽处，一堵巨石横挡，没有落脚的地方。探身向下看去，见石壁下似乎可以通行。于是用仆人的绑腿布扭结成绳，人从悬崖垂空而下，想找一条可以攀缘的路。谁知仅可落脚，别无余地。而悬崖下面，是百丈深渊。拉住布绳正想回到原处，布绳忽然被岩石磨断了。他重新把布绳结好悬在空中，一个腾跳，抓住悬空的布绳，总算脱离了险境。这次没能找到雁湖，霞客颇感遗憾，在能仁寺住了一宿，次日便返回乐清。

其后，过了将近20年，也是在崇祯五年（1632年）三四月间，徐霞客分两次再上雁荡山，在山顶雁湖边，他得出了雁湖流出的那些溪水，皆与大龙湫风马牛不相及的结论。在东峰峰顶，他还看到数十头奔跑的鹿，因被人惊吓，有的竟奔坠悬崖。来到20年前结布绳而下处，他不禁感叹道：20年前游历了雁湖之西，如今从东边登上它的最高处，没有什么遗憾的了。

雁荡山玄关

庐山之旅

"一山飞峙大江边，跃上葱茏四百旋"，江西省北部的平原，一座气势雄伟的大山拔地而起，巍然屹立在万里长江和浩渺的鄱阳湖之间，这就是庐山。

庐山虽然只有海拔一千多米高，却具有高山的面貌。据地质学家讲，在几百万年前气候突然寒冷的冰河时期，庐山的山山岭岭到处是晶莹的冰川，巨大的冰川坚韧而缓慢地移动，像雕刻刀一般切削磨蚀着坚固的山体，久而久之，形成陡峭的山峰峻岭，宽阔的冰谷，以及千娇百媚的陡壁悬崖。当冰川消融气候变暖后，从山麓到山顶生长着不同类型的山地植被，这里植物茂盛，漫山森林，云海茫茫，飞瀑流泉，自古以来就有"匡庐奇秀甲天下"的美誉。在炎热的夏季，长江中下游经受热浪酷暑的煎熬之际，得天独厚的庐山因为山高气温低，却是一派清凉世界，因此庐山不仅是著名的风景名胜区，也

庐 山

是我国不多的高山避暑、疗养胜地。

明万历四十六年（公元 1618 年），八月十八日，33
岁的徐霞客同他的两位族兄一道，从家乡出发来到长江
南岸的九江，乘小船入一条注入长江的龙开河，一直来
到庐山山脚下的一个村庄——李裁缝堰（今妙智铺附
近）。三人舍舟登岸，开始了为期 5 天的庐山之旅。徐霞
客像历次出游一样，事先对庐山的山形地势做了充分的
了解，他是通过阅读地志和前人的著述获得这些印象的。
因此，他们一行三人先游览庐山北麓的西林寺和东林寺，

当晚在寺内借宿。

第二天，雾色霏霏如雨，是一个大雾弥漫的日子，他们沿着山麓向西南方向行进，在一条溪流出山的地方遇到当地的山民，便向他打听去庐山大天池的路径，那人说，山此向东上山，是去大天池的大道，如果往南去石门涧，是上天池寺的小路，但路很难行。徐霞客一听，立即让他的二位族兄走大道上大天池，他自己请山民当向导，朝石门涧而去，约好在大天池汇合。因为徐霞客早就知道，石门涧是对峙如门的天池山和铁船峰形成的峡谷，进入峡谷，奇峰迭起，陡崖壁立，悬流飞瀑，碧水深潭，美不胜收，他早就心驰神往了。

徐霞客在浓雾中兴致勃勃地进入双石兀立的石门涧，从山岩石缝的小径往上攀爬，只见铁船峰下，涧底诸峰耸立，相距甚近，各自挺立，争雄竞秀，笼罩在烟云迷雾中。溪流在山涧激荡，飞瀑如喷雪腾空，在山谷中回荡着奔雷似的轰响。徐霞客见此情景，不由得"耳目为之狂喜"。在石门涧的山崖上，面对群峰，沿着陡崖筑有"层楼危阙"的佛舍庙宇，有僧人在此修行。这里几乎与世隔绝，僧人外出都要先从石崖上的磴道向上攀爬，磴道爬完还要攀着藤蔓而上，然后再从木梯上去。这样走上几里路，不知不觉便到了山上的狮严崖，翻过一道山岭，路渐平缓，眼前即是从九江登庐山的大道，登石阶而上，天池寺已在眼前，由于大雾迷漫，到了跟前，才看见大殿朱红的柱子、彩绘的横梁，看得出天池寺是在毁坏后重修的。

天池寺是晋代慧远大师始建，名"峰顶寺"。北宋时重建，改称天池寺，因院前有天池而得名。天池，顾名思义，是山间的一弘碧潭，据说池中之水，大旱之年也不会枯竭，由于庐山还有一个小天池，这里的池子称为大天池，附近有很多名胜古迹。徐霞客乘兴游览了大林寺、佛手岩，他对传说中的竹林寺颇有兴味，在日记中写道："竹林为匡庐幻境，可望而不可即；（访仙台）台前风雨中，时时闻钟梵声，故以此当之。时方云雾迷漫，即坞中景亦如海上三山，何论竹林？"解释了竹林寺的由来，本是人们想象中的产物，实际上并不存在。

大林寺始建于东晋，后来毁而复建，唐代大诗人白居易贬官江州（今九江），曾到此游览，写下了著名的诗作《大林寺桃花》："人间四月芳菲尽，山寺桃花始盛开；长恨春归无觅处，不知转入此中来。"在大林寺，徐霞客看到"溪上树大三人围，非桧非杉，枝头着子累累，传为宝树，来自西域；向有二株，为风雨拔去其一矣"，他的印象很深，在日记中特地记上一笔。

次日，八月二十日，晨雾尽散，是个难得的好天气。徐霞客来到文殊台，见四壁山崖高峻，俯视铁船峰，似乎一步可以飞去，山北的重重山岭，很低很矮地聚在一起，再向远处眺望，山麓河湖水网纵横，长江如带，远至天际，心情为之一振。也许是因为昨日过石门涧时浓雾迷漫，那里的许多景致未能看清，或者是急于赶路，许多地方未能探访的缘故，此时站在文殊台上极目远眺，不由得唤起他搜奇探幽的兴致，于是徐霞客决定再去一趟石门涧。

徐霞客从原路再回到石门涧，那里的僧人容成见到他十分惊喜，自告奋勇充当向导带他"历览诸峰"。徐霞客重返石门涧是正确的决定，因为他找到了熟悉情况的热心向导，给他的庐山之旅平添了许多意想不到的精彩。在僧人的引领下，他进入峡谷中最为幽深寂静的地方，那里松竹茂密，深涧中急流奔腾。又翻山越岭，爬上层峰下到幽涧，也不知有多少次，终于来到"无径不竹，无阴不松"的金竹坪，这里松竹茂密，峰峦隐蔽，比大天池还要幽深静寂。当天，徐霞客到了山上平坦的一处高地——仰天坪，汉阳峰如在眼前，决定攀登汉阳峰。

汉阳峰海拔1 474米，是庐山最高峰，徐霞客以为从仰天坪去汉阳峰并不远，但僧人告诉他，去汉阳峰中间还隔着桃花峰，起码有10里山路，于是徐霞客出仰天坪，翻山越岭，先沿着桃花峰向东而去，半路上又遇见一个和尚，好心地给他指路，还告诉徐霞客，说天色将晚，你即

便上了汉阳峰，峰顶无处可以住宿，你还是到汉阳峰南边找一个叫慧灯的和尚，他的小庙可以过夜。果然，离汉阳峰还有2里多地时，红日西沉，晚霞映着远山，徐霞客只得按和尚的指点，在暮色中向汉阳峰南边而去，此刻荒山

庐山

野岭，寂无人迹，最要紧的是找个歇脚之处。

　　徐霞客没有想到，在这深山绝顶居然遇到一群隐居的苦行僧。在重山叠嶂的竹林深处，有座简陋的破庙，一个短发盖着前额的和尚，赤着脚，身上的僧衣破旧不堪，正在挑水磨豆腐，他就是明代庐山的名僧慧灯，他原是山东郯城人，曾在浙江普陀山拜大智和尚为师，后来在庐山修行，僧徒日众。徐霞客来到这"非复人世"的竹林中，又碰见三四个僧人，不一会儿，又有一个赤脚短发的僧人从山崖上下来，一打听，他来自云南鸡足山，这些僧人都是慕慧灯和尚之名而来的。

　　听说慧灯和尚还有个徒弟，在山上搭了草棚，那位云南鸡足山来的僧人刚刚爬上悬崖去访问过他，徐霞客立即拉着一位僧人当向导，攀缘陡崖，找到慧灯的徒弟。这里石壁峭削，只能搭着木梯才能过去，上仰汉阳峰，下俯万丈深渊，绝壁上搭着一间茅草棚，完全与世隔绝。徐霞客见此，不禁怦然心动。

　　回到慧灯和尚的破庙，天色黑下来了，慧灯和尚盛了一碗热气腾腾的煮豆腐给徐霞客，饥肠辘辘的徐霞客毫不客气地接过来，这时在上汉阳峰路上遇到的僧人也来了，他也是慧灯的徒弟。据说慧灯和尚每半个月亲自动手磨一豆腐，与他的徒弟们分享，这一天，徒弟们也会如期而至。当晚，徐霞客在慧灯和尚的庙里住了一宿。

他从这些过着清贫生活的僧人身上，更加感受到以苦为乐、乐在其中的精神境界。

第二天，告别慧灯和尚，徐霞客从破庙后面的小路直去汉阳峰，当他攀茅拉棘，登上峰顶，只见视野大为开阔，水天浩荡的鄱阳湖，鄱阳湖注入长江的湖口，以及永修县一览无遗，群山历历在目，清晰可见，俯伏在汉阳峰之下。唯一可以和汉阳峰比肩而立的，只剩下北面昂然挺立的桃花峰。他没有停留太久，继而向五老峰进发。

五老峰山峰陡峭，山峦绵延，各自成峰，从山麓的海会寺仰视群峰，如同五位老人并坐，尤其是隆冬时节，漫天瑞雪纷纷，那五峰并立的山峰酷似披着蓑衣头戴斗笠的鹤发渔翁，故有五老峰之称。"庐山东南五老峰，青天削出金芙蓉"，唐代大诗人李白的诗句，生动地描绘了五老峰的景色。不过，当徐霞客绕了30里路，登上五老峰顶，只见峰顶平坦，风高水绝，寂无人迹，也看不到五峰并峙的雄姿。他从一座山峰奔向另一座山峰，观察山峰的地形，这才知道，五老峰的北面是连为一体的山岗，而在南面，绝顶裂开，分为五个山头，下坠万仞，两旁无底，极其险峻，前方没有山岭遮掩，视野很广。但是站在峰顶，五峰并列，互相遮掩，反而一览不能兼收，看不出山势的巍峨雄奇了。

从五老峰下来，山坳里有座新建的方广寺，徐霞客遇到庙里的僧人，向他打听去三叠泉的路径，僧人听说徐霞客要去三叠泉，说道路十分艰险，而且此刻时间不早了，要去的话得赶快走。于是在这位僧人的陪伴下，徐霞客立即向北而行，去探访有名的三叠泉。

三叠泉也叫三级泉，位于五老峰东面的山谷中，据地质学家认为，这是由于冰川作用造成的三级台阶而形成的瀑布，"上级如飘雪拖练，中级如碎玉摧冰，下级如玉龙走潭"，三叠泉之名，由此而来。庐山的许多瀑布，多是从陡崖倾泻下来，但三叠泉却是由五老峰北崖口，悬空而下跌落在大磐石上，如雨如雾，蒙蒙纷纷，摧碎散落，发出洪钟似的巨响。溪流散而复聚，几经曲折回绕，又再一次垂直降落，山风吹来，一条银练在空中飘动，阳光下晶莹夺目，虹彩霞光，当瀑布溅落在二级大磐石，汇为洪流，下注深潭。这一博大雄奇的瀑布，在庐山众多的瀑布中首屈一指，当地有"未到三叠泉，不算庐山客"的说法。

徐霞客从方广寺走出不多一会儿，没有路了，只能在山涧里穿行，溪水在乱石中奔流，两旁的山崖夹峙，长满葱郁的竹林杂树，仰望前方，时时可见山崖上突起的巨石，景色越来越美。这时，山涧旁边无路可走，只好踏着涧中的石头，圆石头很滑，有棱有角的石头刺痛脚板，就这样艰难地走了3里地，眼前出现一泓碧绿的水潭，飞瀑急流自上倾泻而下，奔泻的瀑布如喷雪一般，汇入深潭却又变为碧绿色。又往下一里多地，便是观音桥下的大绿水潭，这里是三叠泉最壮观的精华所在。徐霞客从上往下俯瞰，只见飞瀑水势大增，激荡翻腾，潭前峭壁耸立，高低错落，不知有多深，只是耳边传来"轰雷倒峡之声，心怖目眩"，也不知瀑布之水坠落到何方去了。由于徐霞客是从山上往下走，他无法窥见三叠泉的全貌。于是他又不辞劳苦，翻山越岭，登上对面的峭壁，这才看清了三叠泉自上而下三级之泉的全貌。当

庐山瀑布

庐山瀑布

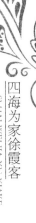

他又沿着原路，溯溪而上，抵达方广寺时，天色昏黑，什么也看不见了。

最后两天，徐霞客继续在庐山南面即山南游览，探访著名的瀑布和山间急流，这是他此行关注的重点。二十二日，他游览了三峡涧，这是栖贤寺东南的一道水流湍急的峡谷，谷中多大石。上游汇集了来自太乙峰、五老峰、汉阳峰等处九十九条山溪，合流注入玉渊潭，又经过沿途二十四潭飞泻而下，水行石间，声若惊雷，因此古人将它与长江三峡相比，他在日记中这样写道："涧石夹立成峡，怒流冲激而来，为峡所束，回奔倒涌，轰振山谷。"徐霞客站在观音桥上，俯瞰深峡中，千旋百转的汹涌急流，如飞溅的珍珠碎玉争相奔向桥洞，不禁叹为观止。

探访了三峡涧，徐霞客把目光转向久闻其名的开先瀑布。"日照香炉生紫烟，遥看瀑布挂前川，飞流直下三千尺，疑是银河落九天。"唐代大诗人李白的这首千古绝唱，使开先瀑布历来为人们所关注。开先瀑布又有开先西瀑和开先东瀑之分，开先西瀑一名黄岩瀑或瀑布水，它自黄岩山顶倾泻而下，跌落在双剑峰中的大龙潭后，又缘岩悬挂，以下渐与开先东瀑相合。开先东瀑又叫马尾泉，由鹤鸣峰流出，由于两旁山崖窄隘挤迫，溪流挤压喷洒成一缕缕的马尾状。

徐霞客先是到达开先寺，这座建于公元943年的古

寺，是庐山五太丛林之一。从殿后登楼便可远眺开先西
瀑，只是距离尚远，"一缕垂垂，尚在五里外"，而且一
半被山和树木遮住。徐霞客于是下到山涧，溯流而上，
来到瀑布跌落的大龙潭。他久久地坐在潭边的一块大石
上，听飞瀑的轰鸣，看芙蓉插天的双剑峰和山头圆浑的
香炉峰渐渐溶入暮色，思索着"瀑布至此，反隐不复见"
的问题，不知过了多久，"四山暝色"，他才依依不舍地
回到开先寺投宿。

　　第二天，八月二十三日，在庐山的最后一天，徐霞
客从开先寺后面的小径登山，"越涧盘岭"，终于在半山
腰又见到开光东瀑即马尾泉的踪影。他奋力攀登一座尖
峰，到达峰顶——文殊台，只见这座孤立的山峰拔地而
起，四面望去没有倚靠的山崖，顶上即是一座耸立的文
殊塔。从这里看见对面的山崖，也是异常陡峭，像刀劈
斧削一般，就在那座陡崖上，与文殊台仅仅隔着一道山
涧，一道银练似的瀑布轰轰然坠落，从山巅直挂涧底，
一目了然，十分壮观，徐霞客好不兴奋，"不登此台，不
悉此瀑之胜！"不登上文殊台，哪里知道开先瀑布如此壮
丽啊！他乘兴再去追溯瀑布的上游，一直到达双剑峰东
北的黄石岩，一览如同仙境的深山幽谷的景色，这才结
束了为时五天的庐山之旅。

登黄山

　　徐霞客曾两游黄山。第一次是在万历四十四年（1616年）二月初二。

　　黄山在今天的安徽黄山市黄山区境内。古称黟山，传说黄帝曾修道求仙于此，唐代将其改名黄山。黄山有四绝：怪松、奇石、温泉、云海。但在三百多年前，也

黄山全景

就是徐霞客未登之前，它的名气远没有五岳那么大。使黄山名闻天下的，恐怕就是徐霞客了。他的《游黄山日记》，实在是太鲜活，太美丽了！

他是游了白岳（齐云山）后，乘兴而游黄山的。遥望黄山诸峰，有如从云天飘下的花瓣，一片片似乎都可以捡拾起来。正是天寒地冻之时，霞客随砍柴人进山，厚厚的积雪，淹没了脚趾。呵，就在冰冻雪压的溪涧旁，居然还有温泉！水泡汩汩从池底冒起来，散发出香冽之气，霞客脱光衣服，嘻嘻哈哈就泡起温泉来……不过上山就很难了。

听和尚说，通往山顶那些寺庙的路径，被大雪封冻几个月了。派人送粮，到了半山，雪深到腰杆，只好又返回来。没办法，霞客只能枯坐在一小庙里，听那雪溜落地的脆响。庙里的香炉和钟鼓架，都是用天然古木的树根雕制的呢。

天色稍稍好些，霞客就和同伴各提竹杖上山去。山路冻雪成冰，亮闪闪的晶莹如玉，坚滑得让人站不住脚。霞客在前开路。他用竹杖凿冰，凿得一孔，放置前脚掌；再凿一孔，移后脚掌。其他人也用他的办法，这样，大家才得以上到平冈。此时，远望莲花、云门这些山峰，一座座争奇斗秀，好像拥卫着天都峰。由此慢慢而行，只见断壁危崖上，尽是怪松凌空而长，高的不足一丈，

矮小的呢，仅有几寸，一律都是平展展地铺开去，有如顶盖，松针短胖，盘根扭节，就像传说中的飞龙一样。这些怪松越矮树龄越老，越小越奇。霞客不禁惊呼："真想不到，奇山中又有此奇品也！"莹绿的松树和闪亮的山崖互相辉映，其美无比。

突然，一群和尚仿佛从天而降似的，慢慢走了过来，都合着掌说："大雪封山三个月了，今天为找粮食勉强走到这里，各位是怎么上来的呀？"得知霞客等人是来游山的，和尚们无不称奇。又说，前海那一带寺庙里的僧人都已下山，后海的山路还没有通。

霞客急于观光明顶诸峰之胜，便顾不得这许多，一路上下数次，途中多奇石怪松。有一棵松树竟撑开巨石

黄山迎客松

挺立其上，树干高不足二尺，斜斜地弯曲盘结，伸出去两三丈，它的根有力地穿石而下，这就是人们说的"拢龙松"了。步步生奇，让霞客好不兴奋！只是谷深雪厚，大雾弥漫，每走一步都十分恐怖。结果漫游几天，未能尽兴饱览黄山那无与伦比的雄姿秀色，也没能登上他盼望已久的天都峰、莲花峰，更没能拜访文殊院。因此，在下山的同时，他就下了再登黄山的决心。

不过，他一转身，先去游了福建的武夷山。

武夷山因传说神人武夷君在此住过而得名，有"溪曲三三水（九曲溪），三环六六峰（三十六峰）"的迷人妙景。

万历四十四年（1616年），霞客初游黄山后而游于此。进入九曲溪的第三曲，令他深感惊愕的是，在大藏峰壁立千仞的悬崖隙洞里，竟有一具具小舟似的棺材，

黄山雪景

当地称其为"架壑舟"。这种船形的葬具，用整木凿成，也不知是用什么办法，把它悬置在人迹难到的悬崖隙洞中的。霞客一行弃船登陆，进入云窝（武夷胜景之一）。绝壁上没有路，他们便用绳子拴结很粗的大木为"悬梯"，共81级。霞客率先攀梯，贴壁而上。

在武夷山，他不仅凭吊了宋代理学家朱熹讲学的书院和旧迹，进过让他毛骨阴悚的"一线天"，还仔细地看了凿壁为沟，借用泉水之力舂米的水碓，并寻得传说中奇特的"睹阁寨"。崖壁上明明刻写的是"杜辖岩"，乡人却误为"睹阁"，这才有了所谓的"睹阁寨"……

两年后，也就是万历四十六年（1618年）九月，徐霞客再上黄山的愿望，是在游历了江西庐山后实现的。

唐代大诗人李白和宋代大诗人苏轼写过这样两首关于庐山的诗。李白写道："日照香炉生紫烟，遥看瀑布挂前川。飞流直下三千尺，疑是银河落九天。"苏东坡则写道："横看成岭侧成峰，远近高低各不同。不识庐山真面目，只缘身在此山中。"想来，博览群书的徐霞客，也一定读过这两首诗，说不定他还是吟唱着这两首诗登庐山的呢！

霞客先生在庐山转悠了几天，不仅识得庐山真面目，还结识了一位远从云南鸡足山来的慧灯和尚。慧灯和尚亲自挑水磨豆腐招待他，这似乎为他后来远游鸡足山留

下了伏笔。这天，他写下了一篇《游庐山日记》，第二天就去再登黄山了。

和第一次凿冰登山不同，这次正是秋光四射的登高旺季——九月。你看，那天都、莲花二峰，竟像欢迎他似的，"俱秀出天半"，而刚刚泛红的枫叶，与苍翠的松针相间，更是"五色纷披，灿若图绣"。仆从怕险阻，不敢向前，他也只好放慢脚步，但一路奇景，又引得他勇往直前。

不一会儿就到了第一次来时"欲登未登"的文殊院，只见左边的天都峰，右边的莲花峰，争着献上伸手就可以捉住的美丽。再看四周，奇峰交错而列，深谷纵横分布，怪松迎客。他不禁感叹道："如果不是再来，哪里知道这也是'黄山绝胜处'！"

他游兴大增，与澄源和尚勇登天都峰。当时没有路，更不要说石级台阶了。他们有时像蛇一样爬行，抓着草棵刺藤，在手足无可着处历险数次，终于登上峰顶。山高风大，雾气去来无定。你想到它前面，它躲在你后面；你想跑到它右边，它已在你左边翻腾。苍松迎风而立，曲挺纵横；翠柏干粗如臂，全都苔藓似的平贴在岩石上。从下往上看，忽而有碧翠尖削的山峰露出来，忽而又全都隐没于云海。这一切，都在秋阳下熠熠生辉，闪射着鲜艳动人的色彩。霞客与澄源和尚在天都峰徘徊流连，

一直到暮色降临，他们才以一种特别的姿势——坐着梭滑下山。

此后，霞客又在一个早晨登临"居黄山之中，独出诸峰之上"的莲花峰，这才发现黄山的最高峰，不是前人说的天都峰而是莲花峰。伫立峰顶，"四望碧空，即天都亦俯首矣"。迎着使群山焕发出奇光异彩的朝阳，霞客狂叫欲舞，抒发他重游黄山，以及订正前人之误的快乐。

黄山松谷景区

北国行

　　北国，泛指祖国的北方，伟人毛泽东的著名辞章《沁园春·雪》，起句就是："北国风光，千里冰封，万里雪飘。"

　　徐霞客童年就有志于五岳，而五岳中有四岳是在北国。他第一次北国之旅来到了山东、河北等地，可惜没有留下日记。

　　天启三年（1623年），徐霞客开始了他的第二次北国之旅，目标直指五岳之尊嵩山以及华山，回程南抵湖北的太和山（武当山）。

　　正是"北国风光，千里冰封，万里雪飘"的二月间，徐霞客踏雪履冰，花了19天的时间，才到了河南郑州。接着又用5天时间，漫游嵩山，即便是浓云如泼墨，路多积雪，这于他都无妨。

　　有一次在悬崖斜壁上穿行，遇到一个五尺宽的裂缝，

幸好向导是当地有经验的砍柴人，矫健如猴，纵身跳将过去，砍来两根树木，横架成临时之桥，他才得以通过。向导告诉他有一种"悬溜"的办法，就是顺着石壁，抓住草木藤萝向下滑，虽然路极险峻，但是可以省去一半的路程。他一听高兴极了，于是在雾滴如雨中，"依岩凌石，披丛条以降"，不停息地悬溜。这样的确节省了许多路程，使他有更多时间游览考察。

在嵩阳寺废址，他看见汉武帝出游嵩山时所封的柏树"三将军"，最大的一棵，要七个人才围得过来，"老三"也要三个人才能围抱（据说现在仅存两株，是我国最大最古老的柏树。）他把手和脸贴在"三将军"的躯干上，仿佛在触摸、呼吸远古的历史，聆听纷至沓来的历

中岳嵩山

嵩山少林寺

史的声音。

在北宋理学家程颐、程颢讲学的地方，他低首徘徊；在嵩山最大的、高八米多的唐碑面前，他多想临摹那八分书（书法体的一种）苍古的碑文。他向"三将军"和唐碑拱手道别，便由登封县（今登封市）西南，进入香火旺盛的少林寺。

少林寺极其宏丽，庭院中新旧碑石，森列成行，整齐完善。台阶左右的两棵古松，高伟挺拔。少石山就横亘于前，仰不能见顶，游者如面墙而立。虽然雪深道绝，他还是趁天气晴朗，力登少石山。非常奇特的是，一路上，忽而"土尽而石"（没有泥土，尽是石头）；忽而"又截然忽尽为土"。虽说冻雪四积，他还是走热了，干脆脱掉外衣，直上从未有人抵达过的山顶。狂风突起，他差点像传说中的天鸡那样飞了起来……

下山时，雪地上居然有"大如升"的老虎脚印。供

奉着达摩影石的初祖庵的上面，就是达摩面壁九年的初祖洞。洞深二丈，但颇宽敞。寺庙的中殿，有一棵高大的古柏，传说古柏之苗，是六祖慧能置于钵中，从广东带来的，如今已粗壮得要三个人才能围抱了。

霞客本来可能还想看看少林武僧的功夫，可是只见和尚们来来回回挑水，挥着扫把扫雪，却不见有和尚练武。也许他们在什么秘密的、不让外人看到的地方练吧？霞客回过神，抚着古柏，想着慧能高僧，以及禅宗初祖达摩的非凡毅力，一种无形的力量从心头升起的同时，他的思绪已神飞西岳华山了。

华山以险绝名闻天下，位于陕西华阴城南。华者，花也。据说华山就是因为在渭河平原高出众山，远望如花朵绽放在天空而得名。徐霞客游罢嵩山，于二月的最末一天进入潼关，望着兀立云表的华山而去。拜过西岳

华
山

华山

神，过了寥阳桥，就没有路了。他和向导拉着铁链向上攀爬，才穿过华山的咽喉千尺幢。那"老君犁沟"十分险峻，东边是绝壁，西边是深沟。相传老子在华山修道时，见人们开山凿道实在太艰难，于是在一个夜里，赶着他骑的牛，犁出了这条山道。

上苍龙岭，让他费尽了气力。这是华山最陡峭的一段。又窄又长的山脊，不是"刀背"，简直是"刀锋"了！两边是万丈深谷，落脚处最狭窄的地方，不足三尺，必须紧紧抓住铁链才能移步。霞客忽而悬空飞渡，忽而停步观赏，似乎已经习惯了惊

华　山

险。华山的游历，时间虽短，霞客算是尽兴了。

如果霞客骑马，那真是马不停蹄。三月十一日，他已经来到湖北的襄阳府（今湖北襄阳市），直赴武当山。

登上仙猿岭，过了土地岭，只见桃李缤纷，山花夹道，幽艳异常，完全是一片春天景色。且石道平敞，大名鼎鼎的书法家、画家米芾所书"第一山"石碑周围，乔木夹道，密布上下。霞客像行走在绿色屏幕之中一样心旷神怡。

最有意思的是拜谒榔仙祠的时候，霞客发现祠前的榔树特别高大，光滑圆满的树干高高耸立。榔树旁有许

多梅树，也是高耸而立。椰梅花色的深浅如同桃花、杏花，花心里像海棠花一样吐露垂丝。梅与椰本是山中的两种树木，传说真武道人在武当山炼丹修道时，曾折梅枝寄生于椰树上，仰天起誓说："吾道若成，花开结果。"后来竟真如真武道人所言，花开了果也结了。

到了琼台观，又看见好多棵粗有合抱的椰梅树，"花色浮空映山，绚烂岩际"。霞客想讨要几颗椰梅果，道观里的道人都闭口不敢作声，过了一会儿，一个道士才悄声说："这是帝王专用，其他人禁用的呀！此前有人捎带出三四枚，结果害得道士的家人受到牵连，被害了好几个……"

霞客才不信这些，反而愈加想得到椰梅果。那道士拗不过，悄悄拿出几枚给霞客，谁知尽是黝烂的，还一再叮嘱不能让人知道。

到了中琼台，霞客又求，观主仍说没有，他只好离去，走不多远，一个头戴黄帽的小道士呼喊着追上来，说师父请霞客回去。观主迎了上来握住霞客的手说："先生渴求珍果，幸好还有两枚，对先生多少也是一个慰藉吧。但是一泄露给外人，大祸就临头了！"出了寺观，霞客拿出来一看，形像金橘，渗出油亮的蜜汁，真是"金相玉质，非凡品也"！傍晚返回南天门正殿后，霞客贿赂了一个小道士，得到六枚果子。次日想再索要几枚，"不

可得矣"。

就这样，霞客带着数枚榔梅果，满心欢喜地一边游览，一边把武当山与嵩山、华山做比较。四月初九，霞客回到故乡，并以武当山榔梅果为母亲祝寿，从而结束了他的这次北国之旅。

其后，崇祯二年（1629年），徐霞客曾北游京城北京、天津一带，可惜没有留下日记，难以了解他旅行的详情。倒是崇祯六年（1633年）八月，他取道京城北京，越过太行山，探访了山西五台山和恒山，都留有日记，辑入《徐霞客游记》中。

武当山

湘江遇盗

霞客与同伴晨踏一路霜花，晚送一轮红日，继续在三湘大地漫游考察。

在衡山县境内，他们见当地人烧火不用柴而用煤。有的地方，山都秃了，不长什么树；有的地方，又大松夹道，树影萦溪。在衡州石鼓山所见"大禹《七十二字碑》"，字迹已经模糊难辨了。但这一带却是唐代大散文

衡山

家韩愈，以及宋代思想家朱熹、张栻等名贤讲学的地方。风雨中，他们仍然顾盼流连。然而不久，他们就在湘江遭遇盗匪，霞客的行程遭受很大挫折。

在此之前，也就是在往江西的途中，霞客一行也曾遇到歹徒，因霞客的智勇而得以脱险。

当时，他们逆赣江而上，晚雨丝丝，停船靠岸而歇。天一亮，又扬帆起航。行不多远，忽然一条顺水快船吼叫着靠了过来，一伙歹徒跳上船，掀篷打人、捆绑船主、抢劫财物，声称是官方叫捉拿盗窃官银之人，吓唬船主船工。其势如狼似虎，船中三十来人，被他们像捉羊一样抓打，又强行把霞客的行囊拿到他们船上。

但他们所搜刮之物，都是铺盖行李之类，并没有强说交出官银；即便如他们所说是捉拿盗窃官银之人，从他们的所作所为看又不像。霞客心中起疑，于是对他们说，从这里去吉水县府已很近，为什么不一同前往呢？歹徒一听，暴跳如雷，竟挟持船只要顺流而去。趁船行岸边，霞客纵身跳上岸，急忙找来当地一王姓保长，一同追赶强盗，歹徒才把船索解开。歹徒抛还了霞客的行李，而船主的财物却被强抢一空。在江西算是躲过了一劫。而湘江这次遇匪，就太恐怖了。

那是崇祯十年（1637年）农历二月初十。霞客等初到湘江边，正逢下雨。第二天渐渐晴开了，便开船前行。

一路风光，自不必细说。且说夜里月色颇明，停靠岸边的木船，浮在映照月光的江流上轻轻摇晃。忽然听到岸上有人在号哭，像是幼童，又像是妇女，哭了很长时间都没停息。然而所有的船都静静的，不敢问是怎么回事。霞客久久不能入睡，在枕上作诗：滩惊回雁天方一，月叫杜鹃更已三……表达怜悯之情。

夜深了，静闻和尚借上岸解手（静闻严遵佛门的清规戒律，解手、吐痰等秽物都不入水。）的机会，看到一个十四五岁的少年卧地而哭，便上前去劝慰。那少年说

湘 江

自己只有12岁，父亲喝了酒就打他，他不敢回去。静闻和尚怎么劝也劝不住，虽然觉得奇怪，但也只好回到船上去了。就在这时，杀声突起，一群盗匪呐喊着夺船而上，火把、刀剑猛然向霞客他们一行旅客杀将过来。霞客还未入睡，急忙从卧板下取出装有旅费的小箱子，想从船尾跳水。可是盗匪正在挥刀劈船尾舱门，出不去。于是霞客用力掀开船篷的缝隙，将小箱子胡乱抛入江中。回到原处，他找了件衣服披着。静闻、顾行以及所有旅人，或赤身，或拥被，都被逼到一处。

盗匪破后门而入，刀剑乱劈砍，血溅船舱。霞客心想必定会被盗匪抓住，拿着件丝绸衣服反而不便，赶紧丢掉。人们跪在船板上哀求饶命，盗匪仍挥刀不停，大伙于是纷纷掀开船篷，跳入冰冷的江中避难。霞客也跟着纵身跳去，偏偏被船索绊了一下，头朝下跌入江中，呛了满鼻子水，幸亏江水只齐腰深，他才没被水淹。盗匪放火烧船，火光冲天，映在江中，如血染一片。

这次遭劫，损失惨重。霞客财物丧尽，那个小箱子打捞上来，已是空箱。最让他痛心的是张宗琏所著的《南程续记》一套，徐氏族人已藏二百余年了，他苦求而得，现在却毁于盗匪之手。这怎不令他心疼！他身无寸丝，邻船一位姓戴的先生从身上脱下里衣、单裤各一相赠。他身无一物，摸摸发髻，尚存有一支"银耳挖"，于

是用以酬谢，问了对方姓名，匆匆而别。

静闻和尚为抢救经卷和霞客的书籍、文稿、手柬（书信）而去救火，被盗匪捅了两刀，仆从顾行也是多处受伤。而与霞客相识的艾行可先生则惨死于盗匪的刀下，落入江中……

此后数日，霞客为筹措旅途盘缠，费尽心力。当地的同乡金祥甫劝他说，若是放弃西行考察，便可资助他返回故里的路费。霞客担心妻儿不会让他再出行了，于是说道："我不能改变西行的决心和志向。"并恳请金祥甫借钱给他继续西行。几经周折，最后写下20亩地契做抵押，才算借到旅费，得以上路。

访桂林

徐霞客在湖南历时数月，他冒死历险，虽"晓风砭骨，石砾裂足"，有病在身，都淡定以对。即便在劫难之后，他还利用筹借路费的间隙来探访花木。

他和静闻和尚走出城外，只见桃花缤纷，柳色依然，不觉有观赏之意。时值宝珠茶花盛开，花大如盘，殷红密瓣，万朵浮团翠之上，他徜徉在花团锦簇之中，竟忘记了身在患难中。

筹得路费后，他立即带病上路。或舟行，或徒步，遍访宋、唐名迹，游历九嶷山，朝拜舜陵，辗转考察玉绾岩、斜岩、三分石，终于弄清了三分石下水流的流向。他风餐露宿，尝尽艰辛，有一次在山间为大雾所迷，夜宿竹林之畔。山高无水，有火也不能煮饭，围着篝火，空腹歇息。忽然狂风大作，卷起的火星在空中飞舞，那游移的火焰，一下子奔突数丈，很是吓人。接着，雾随

桂林山水

风起，火星与雾绞在一起，竟成零星小雨。过了一阵，真的下起雨来，伞不能遮挡，衣被都湿了。第二天他又冒雨而行，深夜才找到一家瑶族的茅屋。主人的热情，使霞客深为感动，发出"始知瑶犹存古人之厚也"的感慨。一直到闰四月初八，霞客才离开。

远在唐代，广西桂林就以地貌奇特，山水秀丽而名闻天下。位居唐宋八大家之首的韩愈在《桂州严大夫》一诗中，用"水作青罗带，山如碧玉环"为桂林写意传神。柳宗元曾被贬在和桂林相距不远的柳州当刺史，为裴行立作《訾家洲亭记》，用精美的笔致描绘桂林拔地而起的秀山，林立四野。而宋末李曾伯作《重修湘南楼记》，所称的"桂林山水甲天下"（后转音为"桂林山水甲天下"），就一直是桂林的广告词和名片。

　　初到桂林，霞客就发现一奇：这里的包子，多用韭菜和肉为馅，放的却不是盐而是糖；稀粥呢，又都是与鸡肉掺和着吃。那天，吃过这有趣的早点，他与静闻和尚登上叠彩山，只见绿色的秧苗，如云一样铺满山间平畴，而依山崖壁，多有摩崖碑刻，这似乎使他想起在湖南浯溪之畔、湘江之侧，高镌崖壁的颜真卿所书"中兴颂"几个大字。一块光黑如漆的"石镜"嵌在字旁，用水一喷，崖边的石亭，隔江的村树，都清清楚楚映照在上面。那情景仿佛依然在眼前晃动。于是，在攀岩登山、入洞考察的同时，携砚载笔，或抄录，或摩拓碑刻，就成了徐霞客寻访桂林的特色。

　　桂林因山为城，大山有虞山、象鼻山、鹦鹉山、铁封山、叠彩山、独峰山、伏波山等等。四周又有小峰独

象鼻山

立，东有隐山、媳妇娘山，西有望夫山、荷叶山、南山、兹山等等。有山既有洞，有名的如刘仙岩、穿云洞……数不胜数。霞客登山览胜，遍游大小溶洞。

在刘仙岩，见崖壁有刘仙人所篆"雷符"，又有寇准（北宋名相）写的大字，虽然当时雨下个不停，他还是取出纸墨摹拓。因石壁有点倾斜，被雨水浇淋，一直到傍晚都还有好多没有摹拓下来。此时，他请静闻和尚抄录的张、刘师徒的《金丹秘歌》也没抄完；崖间所刻《养气汤方》及唐少卿《遇仙记》也没有抄录，所以只好在寺院里住下。

霞客还特别作注："刘仙名景，字仲远。乃平叔弟子，各有《金丹秘歌》镌在崖内，又有《俞真人歌》在洞门崖上，半已剥落。而《养气汤方》甚妙，唐少卿书奇，俱附镌焉。"

次日，虽然大雨滂沱不止，但霞客和静闻仍冒雨登岩，各自完成未完的摹录。接着他们沿着一条已经长满杂草的路径上山找到穿云洞。洞内刻有宋朝人写的《桂林十二岩十二洞歌》，霞客欣赏这个题目，想抄下来，可惜高不可及。道士找来两把梯子，靠在石壁上，霞客先站在一把梯子上抄录完这半面，接着再移到另一把梯子上抄另半面，免去上下时间，好不容易才抄录完出洞。

霞客一路行来，读山，读水，读岩石溶洞，亦读前

人摩崖文字，有的随读随录，甚至以瓦磨墨而录；有的因历时久远，虽抄录甚久，则因剥落难以辨识而痛惜不全；有的则出钱请摹匠拓工，协助摹拓。

在前往阳朔时，他曾请拓工同往水月观洞，告诉拓工所要摹拓的陆务观（陆游）、范石湖（范成大）遗刻，并预付了纸钱，说好从阳朔返回后取件，再付工钱。谁知霞客五月二十日请好拓工，交了预订金，二十八日从阳朔回来，那拓工却只摹拓了一小部分。霞客甚急，二十九日带着顾行又去催促。此时，拓工才带着刚买来的纸去摹拓。霞客原想登了独秀峰后便赶往柳州，没想到碑拓还早着呢。独秀峰在靖江王府后花园内，登峰须先

桂林荔浦银子岩

桂林世纪冰川灵佛洞

禀报预定时间，此前已答应五月十二日可登，但靖江王府推来推去，几次都没能如愿登山。霞客从阳朔返回，再提登山要求，仍说还要"研究"。柳州之行延缓，霞客很是惆怅。有什么办法呢？只好等待和催促。

五月三十日，静闻到水月洞看着拓碑，下午回来说，明天就可以去拓龙隐寺的了。可是第二天一看，先拓的陆游碑二副，末尾一副少了两个字，叫拓工再拓，虽补拓一副，反而被其拿走原来那张。等再催促补拓，拓工越发拖沓索物。这时讹传有"流寇"（流寇，当时对农民起义军的蔑称），霞客于是无意等候登独秀峰了。六月初二这天，霞客让顾行去催促拓工，而他和静闻再登游七

星洞、栖霞洞。七星洞前，"一片云"三字，霞客称"甚古拙"。栖霞洞洞外古刻很多，如范文穆《大成碧虚亭铭》并《将赴成都酌别七人》题名等都有。一些摹崖，则被凿洞穴者破坏。初三这天，霞客检查顾仆催拓来的《水月洞碑》，发现陆游碑的尾张上每行有二字未拓，霞客立即同静闻带着拓件去找拓工重拓。到拓工家，等拓工吃了饭，三人同往水月洞。在向拓工手指未拓之处后，霞客与静闻到了三教庵，录张鸣凤所撰宋代诗人方信孺、范成大二公《漓山祠记》，并再次登青萝阁。本想再回水月洞看看拓工拓得如何了，但雷声隆隆，恐酷暑有雨，便买了几本书就回住处了。

初四日，叫顾行再到拓工家取碑拓。到他家一看，所拓者只拓陆游前书碑三张，而且偏偏没有碑尾，不但前番所拓者不补，此番所拓却丢失了。可笑到这种地步，真拿他无法。再让静闻去问，答说："当须等到明天。"

初五早餐后霞客便出门了，希望得到补拓之碑。到拓工家后，却发现碑还未拓。拓工很肯定地对霞客说："今天一定去拓，不必烦劳亲自等候。"

初六日，早餐后，霞客急冒雨赴南门，走在街上如同涉溪过河。到达拓工家，仍未拓，拓工以墨汁打翻了支吾。一再催促同往，他又说雨把石壁淋湿了，不能着纸。霞客看他那样子，无非是故意拖延而多要钱罢了。

于是沉脸呵斥，拓工才又说明日一定可取。

初七日，夜雨达旦，市间水涌如决堤……静闻、顾行涉水而去拓工家索碑。很晚两人才回来，说是和拓工同去摹拓。霞客问："那碑拓呢？"回答说："要拿钱去方给。"面对此拓工之狡而贪，霞客只能摇着头付之一笑而已。

初八日，来不及吃早餐，静闻、顾行就上拓工家以钱索碑。碑拓拿到手了，可拓法却粗滥不堪。然而，又能对这样的拓工怎么样呢？虽然为次日早行做了准备，可是静闻、顾行都病了……

桂林山水

醉心黄果树

在广西，可能水土不服，而且蚊虫甚多，霞客手疮大发，可他却说是客店供给的菜肴里有老母猪肉之故。

尽管一路多灾多难，霞客还是抓紧时间游览，做了大量的考察：

有一次，霞客探访穿山岩胜景。悬崖树丛倒垂，荆棘拥塞，只有像蛇一样的小道弯曲其间。他把雨伞和竹杖放置在岩缝里，全凭手脚之力下到岩底，复又回来取伞具。这时只见数十人执枪挟棒，呼噪一片。霞客不知何故，后来才弄明白，人们见他矫健如猴，以为是暗藏的盗匪呢。

游览灵景古寺时，见佛座下有唐碑一通，宋幢一柱，（通，碑的单位。幢，刻着佛号或经咒的石柱，单位称"柱"。）镌刻得十分古朴。霞客向僧人求纸，寺里只有黄色纸张。于是他在石板上磨墨，取出拓碑工具，用敲钟

槌当拓槌，用自己的绑腿布做毛毡，碑、幢各拓了两件。

崇祯十一年（1638年）三月二十七日，霞客从广西北部南丹入黔（贵州），傍晚才换雇到一匹马，摸黑而行，生死全托付给坐骑了。天黑，路险，分不清是石头的影子，还是人的影子，和挑夫只能靠声音招呼伴行。

进了一个寨子，村民全都不敢开门。守候多时，才有一家人为他们开门。可是连铺地的茅草都没有，他们只好饿着肚子在光地上躺下歇息；不光住宿条件差，还经常受到惊吓。有一次，霞客他们冒雨赶路，突然有四个挎刀带剑的人从后面冲上来，两人到霞客伞下，一人到顾行伞下，一人到挑夫竹笠下，样子都很凶悍，似避雨，又似挟持，恶狠狠地盘问霞客他们去什么地方，又向霞客讨烟，霞客心想可能遇上歹徒了。谁知雨一停，就各走各的，并没有为难他们，算是有惊无险吧。

那时候，食盐很金贵，可以当钱用，有时用很少的盐就可以换到吃食。霞客用竹筒装盐，进贵州后，把一些钱也装在竹筒里。

离开贵阳不久，他游了白云山。传说当年明建文皇帝逃出南京，望着白云升起的山峰奔走，故名"白云山"。白云寺有一泉，不会干涸，也不会漫出来，因在一堵石凹之下，需跪地而舀，所以叫"跪勺泉"。还有一洞叫"流米洞"，洞旁有一小穴，说是当年米从中流出来供

养建文帝。霞客笑着看了这个小洞一圈，发现泉水清冽，只是没有米。当晚霞客投宿在一户非常穷困的苗族人家，与猪畜同睡，更不要奢望能吃上米饭了。

也许为霞客当挑夫的王贵，早就盯住霞客的竹筒了。一觉醒来，王贵不见了，他偷了竹筒里的钱，溜掉了。对此霞客十分感慨，看上去很老实的一个人，怎么会干这种事呢？他无奈地摇摇头。一时又找不到挑夫，他只好把行李捆在一起，和顾行抬着继续赶路。远远就听到了白水河瀑布的水声，他忘记了劳累，继续前行。正是杜鹃花盛开的四月，漫山遍野如红云铺地，又有翠竹绿树相杂，霞客好水河流经黄果树地；形成瀑布。不欢喜。还在两里外，那轰轰水声，似乎正是以高歌欢迎霞客的到来。

循声望去，山崖上一条宽阔的光带，如白雪在空中翻腾奔涌，银亮闪闪，夺人眼目，但又看不到它的下截。翻过一个小山包，已经来到它的下流。霞客回头再看那瀑布，恨不得赶快跑到它的下面。路人告诉霞客，这就是白水河了。

随流半里，有大石桥南北横跨水上。激流从三个桥洞涌出，在溪底翻溅喷雪，如同一群白鹭在溪流上飞舞，"白水"之名就是这么来的。过了桥，随着流水西行，忽然感到山箐一下子收紧，接着听到如雷的水声。霞客也

黄果树大瀑布

随之兴奋起来，他知道又要看到奇妙的景观了。

只见路的左边，一条溪水悬空而下，像万匹白绸在空中飘飞。那溪流上的石岩，有如被巨大的莲叶覆盖，中间透出三个门洞，流水就由叶上"漫顶而下"，像薄纱万幅纷纷飘落，砸得珠飞玉碎，飞沫腾涌起来，如烟雾飞空，那雄厉的气势，任凭用什么语言文字都无法描绘出来！

霞客说，他见过很多瀑布，但从来没有见过这样壮

阔豪迈的。之后，他来到望水亭，又正好可以面对瀑布而拱手致礼。只是那奔腾喷薄之状，实在让人可望而不可即！

是啊，面对永远在变动中的壮美的黄果树大瀑布，霞客怎能不遐思缥缈，心潮澎湃呢？想到来路的万般艰辛，再想想前面的迢迢路程，他似乎从瀑布飞流获得了巨大的启迪和力量：即便前面是深渊，也要勇敢地跳下去！霞客面对瀑布"停憩久之"，心醉神怡，接着义无反顾地向前路走去。

在关索岭，霞客寻访了关羽的儿子关索的遗迹马跑泉，并喝了泉水。关索随诸葛亮南征，曾在此开辟通道，当地建庙供奉他。在马跑泉近旁还有一泉，叫哑泉，人不能喝，喝了就成哑巴了。霞客不敢尝试，但觉得很奇怪：相隔不过数步，差异怎么这样大呢？

次日到了整洁的白基观，霞客在后殿磨墨展纸，记录连日来的游历。檀波和尚殷勤招待，时时送茶水、果点。下午，有大象从这里经过，两大两小，在寺前停候了很久。赶象人喝够了茶水，临走时，大象先是把后腿跪下，又跪前腿，赶象人登上象背后，大象才稳稳当当地站起来。接着，有马帮摇着哐啷哐啷的铃声走过。

当时霞客正兴味浓酣地写日记，写下"不（无）暇同往"。这"不暇同往"四个字，告诉我们，霞客离云南

黄果树大瀑布

越来越近了。为什么这样说呢？这是因为，大象想必是越南、缅甸等地向中国京城的进贡品，自然是从云南方向来；马帮呢，应该是驮了云南普洱茶进京或是到湖广等地后，再驮着布匹、盐巴这些商货返回云南。霞客不是说"不暇同往"吗，"同往"何处？当然是同往云南了。是的，霞客离云南越来越近了，他在和云南接壤的盘县（今盘州市），已经吃到被云南一些地方称为壁虱菜，被贵州称为折耳根的鱼腥草了。

稍有遗憾的是，由于霞客最初的滇（云南）游日记散失，不能确切知道霞客入滇的具体时间和路线。据徐霞客研究专家朱惠荣教授考订，霞客由黔入滇的路线是：从盘县经亦资孔过火烧铺越小洞岭，再经明月所过滇南胜境关而入云南。

胜境关在云、贵两省交界处。明朝景泰四年（1453年）始建，是一座三开间牌楼的木构界坊。九级牌楼斗烘托起飞檐，正中书"滇南胜境"四个镏金大字，耀眼夺目。穿过牌坊的，是一条烙满马蹄印痕的斑驳的驿路，被两山相夹为一条陡曲的细线。

霞客此刻来到这里是何等兴奋！他振臂而呼："壮哉，胜境关！"扑关而来。霞客在关亭小憩，喝杯热茶。他一定注意到牌坊中那两对分向滇黔两省的石狮了。面向贵州的，狮身郁绿，有一层绒乎乎的青苔；而面向云南的，狮身上沾染了黄土红尘，像披了一领红黄绣袍。霞客当然知道，这是因"雨师好黔，风伯喜滇，贵州多雨，云南多风"的缘故而以"天"为界。他当然也会注意到，两省的分界也就是山地之间一条南北流向的小溪，而小溪两侧，土色竟不相同：东面贵州，地为黑灰色；西面云南，山为赤黄色。

一溪之隔，以"地"为界，土色各异；如同一坊耸立，以"天"为界，"天限二方"。如果说，以"天"为界，还能从天气方面做解释，这种土色各异又做何解释呢？古人这种分疆划界的神奇方式，霞客是做了探究的

吧？要不是他这一带的日记散失了，我们很可能会看到他作为地理学家的答案了。

在前往曲靖途中，常遇匪贼，也常听说豺狼伤人的事情。

有一次，他刚走不多远，一人突然跑来，说前面有盗匪，千万不要往前走了。不一会儿，这人的媳妇也赶来了，说了同样的话。霞客看看天色，刚过午，心想以前奔走在无人之境，都是豺狼盗贼之窝，即便是深夜都能幸免，这大白天的，这一带又人烟稠密，怎倒有贼人当道？于是反问他们："既然有贼匪，你二人如何赶得来？"夫妇回答说："贼人正在抢脱过路人的衣物，趁他们不注意，我们夫妇才绕道过来告诉你。"霞客怀疑他们是骗他，想叫他在他们家住宿，于是不予理会，仍然上山，晚宿石堡村。

此时天黑夜静，一地月光，能走过危险之地而安寝，霞客高兴不已，于是问主人："听说白天山岭上有拦路劫匪，是真的吗？"主人说："真有此事。我的邻居下午在山上砍柴，见几个贼人从山后跳出来，剥去三个人的衣服，砸碎了一个人的脑袋，就发生在您来之前不久。"霞客一听，深深地感谢特意来劝阻他的那对夫妇，而自己却对他们那样猜疑不信任，想来真是惭愧！

到曲靖（滇东重镇）后，霞客游访了翠峰山。翠峰

黄果树大瀑布

山为曲靖名峰，在城西（今青海省西宁市城西区）北，大树迷蒙，山峰笼翠，霞客称其为"秀拔为此中之冠"。

时值深秋，霜风细雨中，山中草树杂色斑斓，"标黄叠紫，错翠铺丹"，又是一番景致。翠峰山庙宇很多，有朝阳庵、护国寺、翠和宫、灵官庙、金龙庵等等。其中，朝阳庵为刘九庵大师所开建。庵中碑记说，刘九庵为河南太康人，曾中进士，当过监察御史。嘉靖甲子年（1564年）出家当和尚，来到翠峰山始建朝阳庵。

黄果树大瀑布

　　官当得好好的，怎么要出家当和尚呢？传说，刘九庵当官时，有一次出巡考察，在案几上放了两个桃子，被老鼠偷吃了。他本来已经暗中看见了，又假装不知而问下人道："你为何偷桃？"下人不承认。他又吓唬说："这地方又没有别人来过，你不承认，那我就要动刑了！"下人怕挨打，就承认了。刘又问："桃核呢？"下人胡乱拣来桃核自欺欺人。刘九庵看后慨然道："天下事枉者多矣！"于是弃官为僧。霞客记下这个传说，也感慨了好久。

　　霞客离开翠峰山，继续他的游览和考察。一个重大

的收获是，他发现了珠江的源头！

　　说到大江之源，总给人一种神秘、神圣，而且人迹罕至之感。珠江仅次于长江、黄河，是我国的第三条大江，而它的源头，则人人可到！

　　珠江上游即南盘江。霞客经勘考，写出《盘江考》一文，认为离曲靖不远的沾益县（今云南省曲靖市沾益区）炎方乡一带的马雄山溶洞是南盘江源头，从而订正了《大明一统志》的误说。

　　这是一个朴素的溶洞，一个永远从岩缝，从钟乳的乳头滴淌着滢滢水泉的溶洞。不神秘，但却神圣。新中国成立后，经过许多专家反复考察、测量、印证，最后到了1985年，国家水利电力部珠江水利委员会正式确认徐霞客所说，定沾益马雄山东麓的这个溶洞为珠江正源，并立碑以记曰："珠流南国，得天独厚，沃水千里，源出马雄。"溶洞潮湿，丰润，安详。镌刻在洞口上方的"珠江源"三个鲜红大字，倒映摇曳在一潭嫩绿柔蓝的池水里，人们仿佛从花瓣一样动人的水波上，看到了三百多年前的徐霞客的身影，而珠江——中国南部的第一条大河，就从这里出发了。人们不论是远从广州、港澳寻源而来，还是从昆明等地前来休闲度假，都极为方便。出曲靖北行40来分钟，鼻翼痒痒的，嗅到氤氲水汽，就到珠江源了。

昆明览胜

滇池边有座石城（今江西石城县），许多昆明人都不知道。但是三百多年前，徐霞客就到此探访过。

此前，徐霞客由黔入滇后，由曲靖经陆凉（今陆良），或由罗平经师宗、陆凉，到过有名的石林，考察典型的喀斯特地貌。面对巨大的、无与伦比的石笋、石柱和石峰比肩并列，排空而立，他观赏着，抚摸着，赞叹着，思考着。或许，当地的撒尼人（彝族支系）还给他讲过石林阿诗玛的传说。

从前，阿诗玛爱上了阿黑哥。可是头人的儿子热布巴拉抢走了阿诗玛。阿黑哥救出了阿诗玛。热布巴拉不死心，打开了镇龙堵水的石门，滔天洪水冲散了阿诗玛和阿黑哥。洪水退去了，大地上从此站起一片怒拳高举的石林，变成石头的阿诗玛，就在石林中间。石林，就是为保护阿诗玛而诞生的！可惜霞客游石林的日记散失

了，也不知他是不是也向石林深处喊了声："阿诗玛，你在哪里？"

探游滇池边的石城，是在崇祯十一年（1638年）的十月间。当时，霞客与唐大来相聚在晋宁，寒冬已至，霞客决意考察滇池沿岸，然后西行去鸡足山，唐大来为他准备了棉袄、夹裤等物，并以"青蚨"相赠。

与唐大来举杯握别后，霞客便轻装上路，领略滇池风物。在山岩刻凿的"石将军"，高6.5米，宽2.5米，那左手扶腰、右手持三尖又；左脚踏龙、右脚踏虎的形象甚是雄伟，左上方还刻着飘浮于云端的宝塔。

牛恋石则是一个民间传说：一群天庭里的神牛，看见滇池水草丰茉，就偷偷地像云彩一样飘落下来，在滇

螳螂川

池边吃草、嬉闹。因为玩得太高兴了，大家都忘了时间，也忘了天规，雄鸡一叫，太阳的金光一闪，神牛们都变成了石头——有的低头吃草，有的浸泡在湖水里，只露出乌青的背脊……

经海口丈过螳螂川。本来，唐大来曾告诉霞客，海口无宿处，可往柴厂莫土官的盐店投宿。一打听，到莫家还有六七里路，眼看太阳就要落山了，而且霞客在昆明就听阮玉湾说这一带有"石城之胜"，于是，他干脆就在海门龙王庙借投一宿。次日，即十月二十五日，霞客一早就寻"石城之胜"而去。

起初，问了许多当地人，都说不知道有"石城"之名，这让霞客深感遗憾。不过以他的经验判断，神奇的地方多在人所不知、足迹难达之处。几经周折、打听，才知道彝族村寨里仁村后面那一片石头山，原来就是石城。穿过桃树万株的山寨时，霞客似乎看到那一袭春风拂来，蒸霞焕彩的景象了。而当他终于看到石城时，他又是何等兴奋啊！他写道：

由龙潭西上到山岭，半里，只见岭上石峰涌起，有的像卓然而立的锥子，有的只有门一样的夹缝，有的好似灵芝层叠为台，那城郭有如浮云联结而成。在石缝间找路，时而盘坡而上，时而坠地而下。

在这千奇百怪的石林中穿梭，霞客时上时下，几乎要迷路了。

　　这时，有两个放羊的小孩，帮了霞客的忙。他们引领霞客顺着崖壁东转，居然进入了一座城中城的"小石城"。这里只有东面，也就是他们进来的那里，有门迎客。其中有供人歇息之凳，有架板之床，这些都是鬼斧

神工的自然之作。

　　一位身披兽皮的彝族老汉，友好地出现在霞客面前，带着霞客一块儿攀崖。

　　下山途中，他又见石城中耸立着一块巨石，上面覆

螳螂川河上洞峡谷

盖着平板似的石块。

有趣的是，石壁上竟有两个像鼻孔一样的小洞，蜜蜂飞出飞进，蜜汁从小孔里流溢而下，原来是崖蜂在那里筑了蜂巢。两个牧童说："三个月前，村里人用火熏蜂取蜜，蜜蜂都飞走了，现在又飞回来筑巢了。"说着，竟用茅草塞住洞孔，那洞中的蜜蜂就嗡嗡嗡地像敲铜鼓一样响起来。霞客靠着石壁看了很久，才与彝族老汉和牧童慢慢地顺着崖壁而下。

从东石门出来，他还恋恋不舍，一步一回首，不断地赞叹这深藏不露的石城，真是幻化莫测，钟秀独异，而且更加坚信"灵境之不可以外象求也"。

彝族老汉见霞客对这片石城如此喜欢，说道："这里石缝间的土质，最适合种茶，那茶味之香醇，其他地方都比不上。而今有一位姓阮的先生已买下这山石之地，准备建屋居住，开垦沃土种茶。您莫不就是阮先生吧？"霞客笑笑，不做应答。

谢别老汉和牧童，下山之后，霞客在海口一茅屋小憩。放眼看去，村舍缭绕，烟树堤花，有若献影镜中；螳螂川上，形似野鸭的小船张帆浮游，"橹声摇半壁，恍然如坐画屏之上"，回望石城，霞客感慨道："买山而居，不过此者。"

踏上鸡足山

　　探访石城后，霞客越过笔架山，进入安宁城。城中有四眼盐井，每昼夜可煎熬盐 1 500 斤。此时风雨凄凄，路无行人，霞客游兴不为所止，冒雨前行，直到杨太史称之为"天下第一汤"的温泉。池分内外，洗浴的人多在外池。内池中有石，高下不一，沉在水中，石色如绿玉，水光滟然。霞客说，他所见温泉，数滇南最多，而安宁的温泉绝对是天下第一。霞客沐浴后，便来到曹溪寺，找来纸抄录杨太史所撰《重修曹溪寺记》《宝华阁记》。

　　之后，他又翻过玉案山，从黄土坡再入昆明。经过土地庙时，霞客见到一株菩提树，树大四五抱，叶长二三寸。当地人说，这树开的花白中带淡黄色，瓣如莲花，每朵十二瓣，遇闰岁则添一瓣。霞客听后，感慨道："以一花之瓣，能测象如此，大自然真是奇妙无穷啊！"每到祭祀土地神之日，人们都围着这株菩提树，用艾草熏灼树干，说这等于是给自己治病。看着树干上的累累疤痕，霞客对如此荒诞之举，只有摇头叹息。

霞客曾三进三出昆明，结识诸多朋友。朋友们要留他多住数日，霞客说，当朋友们还在梦乡中时，他已经登上山峰欣赏景色了。不过，朋友们还是执意在筇竹寺为他饯行。朋友们在一起喝得尽兴，霞客谨记各位情意，决然上路而行。

告别昆明诸位朋友，霞客取道富民，在武定府歇脚时丢失19天的日记。《徐霞客游记》的整理者季会明曾

筇竹寺

向一路跟随霞客的顾行问及这期间的游历。顾行说，武定有狮子山，丛林茂盛，僧侣很好客。霞客留下歇了数日，游遍了武定的名胜，后来到了元谋县，登上雷应山，之后看到了金沙江。再后来，他们又出官庄，经大姚、姚安到达鸡足山。

顾行说到的狮子山，在武定城西郊，如屏风高插天际，山顶宽平，林木森森。元代在山上建正续寺。传说明代建文皇帝曾在此出家，亲手种下孔雀杉两株。

在元谋县，霞客本来想和从四川来参拜活佛的僧人一起去赶街，因顾行病了，没有去成。

鸡足山

　　进入云南不久，他就注意到，云南人所谓的"街子"，贵州为"场"，广西为"墟"。元谋海拔低，此时虽是深冬，坝子里草木仍然青绿。在活佛出生的海闹村，粗壮的木棉树竟要五六个人才能围抱过来。在元谋北端与四川交界的山岭上，蜀滇交界的古石碑，都被荒草掩住了，当地人说，这条路已经有二十来年没人走了。看着蜿蜒奔腾于群山之间的金沙江，有如玉带，在阳光下闪着清碧耀眼的光芒，霞客激动的心，随着江流起伏，并记录下他的新发现，在元谋谷地的红色砂岩中有典型的云母片露头。霞客还写道：那干枯的溪涧，从西边而来，细细的流沙，淹没脚背。两边都是峰回路转的崖壁，夹峙而立……沙间白质皑皑，如严霜结沫，非盐非雪。这白霜就是指云母。

　　其后，徐霞客经大姚，又穿宾川县城，沿着乔松落落，山茶花盛开的山道，在十二月二十二日终于登上鸡足山。

　　霞客仍然记得自己要做的两件大事：一是将静闻上人刺血而写的经卷供奉于悉檀寺，二是葬其遗骨。等这两件大事办妥，霞客才纵览鸡足山胜景。

　　鸡足山因形似大公鸡的鸡爪而得名，简称鸡山，与点苍山（亦称苍山）隔洱海相望。鸡山比苍山矮许多，但苍山从来不敢小看鸡山。在那些缠绕着藤蔓、长着苍绿色青苔的大树间，在那些被暴雨飞瀑洗得发亮的岩石间，掩藏着许许多多庙宇禅院。从古寺古庙里升起的青烟紫气，裹着断断续续的钟声、磬声、木鱼声、和尚念经的嗡嗡声，以及鸟声、虫声、树叶的沙沙声、流水的淙淙声、飞瀑的轰轰声……缭缭绕绕的，和树梢的、深谷的、岩石缝里的云雾搅缠在一起，翻腾在一起，笼罩在鸡足山，笼罩出让人左顾右盼都有一点点害怕的那种神秘。

而在那些湿润的、会突然爆出一声断枝脆响的、深绿又深沉的树林里，有麂子、穿山甲、刺猬、岩羊，还

鸡足山灵山宝塔

有松鸡、念佛鸟、鹦鹉、烧香雀、灵鹫，还有野猪、豹子和老熊呢！

就是这个地方，早在几百年前，鸡山就与峨眉山、五台山、九华山、普陀山齐名被尊为佛教名山了。

霞客来的时候，正是鸡足山的鼎盛时期，各寺大师上人，讲经说法，忙得不可开交。据说，那天他走到碧云寺，只见香火很旺，仰慕大师而来的善男信女，挤满了寺院，却不见大师。为何？原来这位老和尚忙得20年没有洗袜子了，正在后堂洗袜子呢！抬头看见霞客来了，拎着袜子就跳起来，拉着霞客的手说："同声相应，同气相求。"转身向众信徒讲解了这句话的大意：同调之声互相感应，同类气味互相融合。就是说，志趣相投的人自然会结合在一起。善男信女闻声，膜拜不休……

自然，霞客观山阅水，也是忙得不可开交。他在后来的《鸡山志略一》中曾说，绝顶有四观：东看日出，西观海涛，北眺雪山，南赏云海，四景之中，海内能得其中之一，已经算是奇绝了，更何况全都兼备。

这不只是鸡山之荣，在海内也是绝无仅有！这能不让他兴高采烈吗？霞客喜欢走绝境，历险途。比如攀绝顶的路，有大路，也有险道，险道有两条：一是从"猢狲梯出铜佛殿"，一是从"束身峡出礼佛台"。但是一般

游人都是走大路，并不会如霞客，在如线的狭道上攀缘。

第二次登绝顶，他又换了个方向，从舍身崖攀绝壁而上，从而在"悬绝处"，看到那凌空倒影，有如船只在峰峦与深谷中飘浮的奇景。

登临绝顶，他北眺丽江玉龙雪山，神飞峨眉金顶，西南与洱海苍山对谈，乐极忘返。鸡山摩崖胜迹极多，霞客抄碑拓帖，手屡屡被山顶寒风吹僵，仍乐此不疲。

不过也有令他生气，甚至气愤的事情。那就是一个姓倪的官员，在华首门旁岩上所书"石状奇绝"，被霞客斥之为"效颦耶？黥面耶？"此官员，又在束身岩书"石状大奇"，在袈裟石书"石状又奇"，在兜率峡口又书"石状始奇"。霞客气极，质问道："一共四处，各换一字，山灵有什么罪要遭此刑？"

元谋土林

丽江行

　　霞客在鸡足山过了一个很难忘的春节和元宵节，各寺院用松枝、山茶花搭牌坊欢度春节，他和僧人们坐在散发着松脂清香的青松毛上，吃着素斋年饭以及鸡山的元宵名点，并观灯。傍晚，他靠在杪松栏杆上，神思缥缈，感慨地说："在万峰深处除夕，此一宵，胜人间千百宵啊！"入夜，他凭窗伫立，只见星辰明亮耀眼，山洼里火光闪闪，那都是来朝山的香客，星光、火光真是天上人间，互相辉映！

　　不久，霞客应丽江土知府，即土司木增（字长卿，号生白，丽江人，纳西族。）邀请，告别了庙宇重重、松影婆娑的鸡足山，经桃李夹村、嫣然若笑的洱源、鹤庆（今云南省大理白族自治州鹤庆县），赶赴丽江。

　　古时出入丽江，盘查十分严格。在离丽江还有几十里的邱塘关（今称关坡），就设了关卡，出入的人若没有

丽江

木公（对木土司的尊称）批文不得擅行。远方来客得停下来，守关者进去报告后，得到同意，才得进入。即便有皇帝的诏书，也要在此等候通报，不得直接进入。而霞客是木公的客人，有使者陪同，又有木公亲笔邀请函，当然可以直接而入。

丽江是一座没有城墙的古城。居住在丽江的纳西族，创造了古老的东巴象形文字。这些像图画一样的象形字，记载着纳西族远古的史诗和传奇。他们是古羌人的后裔，多次迁徙，来到了金沙江上游地带，而玉龙雪山下的丽江古城，则是纳西族最集中的聚居区。很早以前，纳西族只分官、民二姓，官姓木，民姓和，别无他姓。官家

最初是姓麦，自汉朝到明代初年都如此，后来明太祖为之改姓木。这就是为什么丽江古城没有城墙的原因。有了城墙，四周一围，成了"困"字，这怎么行呢？发明象形字的纳西族才不要这么"困"着，而是希望四通八达，广接天下。"和"字呢，"木"字上面加一撇，戴上一顶草帽，旁边再配一个竹筐，下地干活吧，这就是普通民众的姓了。这是玩文字游戏的人弄出来的，事实上也有许多"和"姓人在木府当官。

纳西族是个开放的民族，木公本人就很受中原汉文化的影响，是一位诗人、散文家，好读书，爱与文士往来。《四库全书总目》有他的著作存目。

一听到霞客到了鸡足山，木公就赶紧派使者前往邀请。

从黑龙潭流出的玉泉水，入城后分为三股，倒映着拖云带雾的雪山，倒映着雕花门窗和鲜红的对联，倒映着纳西妇女朴素而又艳丽的"披星戴月"的衣装，穿街绕城而过，"户户杨柳，家家养花"的古城，浸润在水香飘摇之中。霞客是正月二十五日到丽江的，先住在和姓使者家。

次日，使者的父亲说，木公听说霞客到了，非常高兴，要在解脱林会见霞客，还让所有随从准备好够七天用的粮食同往。

解脱林在丽江古城西北，是眺望玉龙雪山的最佳位置，明天启（1621年）年间赐名福国寺，寺南山坡上，有别墅一栋，木公常在那里休息。

木公安排霞客住在解脱林，并与之见面，是费了一番心思的。见面那天，先是使者领霞客来到木公别墅，在大门口有两位文武大把事（木府高级官员，二人都姓和。）前来恭迎。那主武的大把事十分魁梧而面黑，霞客称其"真猛士也"。

霞客才一进门，木公立即出迎，到了内室，互相拱手致意。木公用最高的礼遇接待霞客，让霞客坐在铺了席毯的平板上，而自己坐在平板下。他们叙谈了很久，茶都上了几次，霞客才起身告别。木公送到外厅，让使

丽
江

者领霞客去解脱林。霞客环顾解脱林，发现殿阁周围廊屋的台阶十分整齐，大殿极其宏丽，内藏明朝皇帝赐的经卷。霞客就住在藏经阁的右廊室，非常净洁。

二月初一，木公先派大把事给霞客送来家藏的一种名贵香料并白银十两，下午设宴解脱林东堂。地上铺了青松毛，还有许多朋友陪宴，木公亲赠霞客银杯二只，绿绸纱一匹。宴席上，单是精致的佳肴大菜就有十八品。吃了哪些，以及哪些佳肴的味道有什么不同，到最后都辨别不出来了。宴会一直到天黑了才散。

之后的几天，木公请霞客为他的著作写序。序写好后，木公又派大把事来酬谢，所馈赠的酒果，有白葡萄、龙眼、荔枝等贵品。其中，酥饼油线，细若发丝，中间缠着松子片，十分松软。又有丝窝糖等奇点，用白糖拉丝，比头发还细，千条万缕糅合在一起，又用面粉拌和，甜而不腻。

木公著作，省内传抄时有许多错漏，木公请霞客为之校订，每天令大把事致谢。所送酥油面饼又大又多，一天连一块也吃不完。有一次，大把事送来一只活鸡，大如鹅，通体油光光、圆滚滚、黄澄澄。霞客很是喜爱，就叫顾行把它腌为腊鸡。

霞客日夜为木公校书，不仅订正木公书中的错讹，而且做了分门别类的整理。为酬谢霞客校书之劳，木公

丽 江

赠送了一床厚实的皮褥子，还有黄金四两。

　　木公的四个儿子都大了，虽然已经读书写文章，但是"此中无名师，未窥中原文脉"，于是又请霞客做家庭教师，为他的四个儿子讲授为文之道。为迎接霞客，木公搭了青松棚子，地上铺了青松毛，还引领霞客观赏了"盘荫数亩，高与楼齐"的茶花巨树。只是丽江地寒，尚未见繁花盛景之妙，主人说若到了本月底，这茶树林便成火树霞林了。霞客给四位公子批改文章，说他们的文章"颇清亮"，当然也做了评讲和指点。几位公子对霞客恭敬有加，感激不已。

苍山洱海大理游

离开丽江以后，霞客经鹤庆，翻岭至剑川，远观老君山雪色弥莹。又在洱源乘船游茈碧湖，浴九气台温泉，一路流连，远望苍山洱海逶迤而来。

苍山，又称点苍山，19座山峰雄挺并列，最高的马龙峰海拔4122米。两峰夹一溪，18条溪水长年不断，哗哗哗地流入洱海。冬天，苍山积雪，银光闪耀，苍山于是有个文气的称呼叫"银苍"。像只大耳朵一样的洱海呢，莹绿碧透，也和"银苍"有个对应的爱称叫"玉洱"。

霞客一进入大理沙坪上关，马上就听说大理有风花雪月四大景：下关风，上关花，苍山雪，洱海月。有人把这四景连成一句诗：下关风吹上关花，苍山雪映洱海月。

霞客在昆明土主庙曾看到奇异的菩提花，到了上关，听当地人说，上关有名的是"十里香"，花形花瓣花色都

与昆明土主庙的菩提花相似，只是开时香播千里，这倒是有别于昆明土主庙的花。"十里香"，花自正月开到二月终就谢了，但蝴蝶泉边的"蝴蝶树"，则是四月才开花，他感叹道："南北相距不过数里，有这两种奇异花卉，一种已落，另一种还未吐蕊，一开一落不过一个月的工夫。两花的花期从未相遇过。"

于是他折下一枝蝴蝶树枝，久久欣赏，并画下叶子的形状。

白族聚居的大理古城，地势非常险要，东有洱海，西靠苍山，上有上关，下有下关，古城居中。和丽江古城不同，这里有方正、高大、厚实的城墙，东西南北各有拱圆的深深城门洞。史书上说，诸葛亮南征时，各少

数民族感佩他的宽厚仁德，逐渐离开山林，迁居平地，建城邑，务农桑，白族各个部落这才开始有了姓氏。白族在一起讲"白话"，外人是听不懂的，但是写在纸上的是汉文字。古代的"南诏国"在这里建都，既占地理之险，又得山水之胜。

从苍山上淌下来的溪水，哗哗哗地流着、唱着，把大理石镶铺的街面，冲洗得亮彩腾飞。这大理石，可是霞客的爱物呢！不过，他摇着从"蝴蝶树"上摘的枝条走来，远远就看见的，是大理的标志性建筑"三塔"。有朋友何巢阿在那里等他，他就先住进了三塔寺。

其后，他在何巢阿父子的陪同下，游了清碧溪。因与水争道，霞客滑足落水，淹到脖子。好在有惊无险，上岸后，他在石上绞衣晒衣，待衣干继续溯流攀登。只见清碧溪，水色纯绿，漾光浮黛，照耀崖谷，在午日照耀下，金碧交荡。之后，他们又往感通寺，喝茶看花，拜谒杨升庵写韵楼。这才又回到高松参天的三塔寺。

三塔寺旁有一条小街，叫"础石街"，街上都是石头砌的低矮的房子。石工们在窄小的作坊里，打磨着从苍山上开采来的大理石，门口堆放着石料，也有加工打磨好的成品。

传说远古的时候，飞来一位喜爱银苍玉洱的仙女玉姑娘。这位美丽非凡的仙女，足迹所到之处，顽石都会

117

变成美玉；她住在苍山，苍山上就长满了玉石。有个贪心人趁玉姑娘不备，想把玉姑娘抢到家里，独霸玉石。玉姑娘虚身一晃，驾起了彩云。她飞走时，十分流恋大理的风光，便把苍山上的玉石点化成印满水光山色、花鸟虫鱼的大理石。

　　看到了其美无比的大理石后，霞客感慨地说，只有看到这些关石，才知道大自然的创造，真是神奇，相比之下，画家笔下的山水就俗了。而看到大量取石，建庙筑屋，采石工劳役繁重，辛苦不堪时，他又深感同情和不安。

洱海

腾冲火山群

　　霞客说："不闭塞不奇也！"他离开大理后，一出下关，就经漾濞的石门关绕到苍山的背后。只见"虎迹齿齿，印在土间"，他就踩着老虎的脚印，连上数顶，登上最高峰，放眼一看，原来苍山分前后两重，东临洱海的为正峰，正峰背后还有一重，溪水从石门关涌出，其声沸腾。

　　后经永平、云龙，从铁索桥过澜沧江，霞客到达永昌府，之后又以舟船渡过水势汹涌的怒江。过去人们误以为澜沧江与怒江合为一江而入海，霞客经过观察认为，两条江并不合流。回程途中，他又专门到云州（今云县）考察，证实了自己的判断是正确的。

　　一路上他注意到，沿途有许多关于诸葛亮的遗迹和故事。比如在打牛坪，人们就相传诸葛丞相曾赶着牛，告诉人们，立春了，要开始备耕播种了，此地故称打牛坪。

一过怒江，向导就催着快走。原来这里有"催行石"，说是有一个从印度来的叫罗岷的僧人，修行于此，曾经作戏舞，山石也随着舞。后来，这个僧人死了，人们为他在崖壁下建祠堂。此地经常有坠石飞下，所以过往的人都是惊慌地疾走而过。霞客觉得，石头可能因野兽蹬踏落下。可向导又说，在天快亮的时候，如果经过此处，雾影中，会看见很多石头从江面上飞起。霞客没有验证这样的奇事，不过还是觉得很有趣。

过怒江后，霞客在磨盘石村寨住了一宿。这一夜，月色当空，他想着一路上听到的奇闻逸事，十分感慨。潺潺水声从深箐中传来，藤木蒙蔽的山岭间，野兽呼号不绝……高黎贡山的夜晚是多么的神秘啊！在景颇语中，

腾冲火山群

"高黎"是景颇族的一个支系；"贡"，意为大山。这座北起西藏高原，延绵而来，长达600千米的大山，被誉为"冰雪长城"，耸立在怒江西部的中缅边界，最高峰5128米，终年积雪。在高黎贡山，霞客欣赏了"血艳夺目"的大树杜鹃，特别是在打鹰山，考察了腾冲火山，令他兴奋不已。

腾冲原称腾充，盛产藤，又为通往印度、缅甸的要冲。腾冲多鹿、多虎，霞客品尝了荚味的鹿肉，但没喝虎骨酒。

腾冲火山一个火山口连着一个火山口，火山口的周围，是许多像日本富士山那样的火山锥。这些火山口和火山锥连起来，南北长八九十千米，东西宽四十来千米，壮观极了！其中最著名的是打鹰山火山。

打鹰山志书上名为集鹰山，居腾冲中部，是腾冲县（今腾冲市）境内最高的圆锥状火山。在霞客到来的三十年前，腾冲曾发生过一次大地震，并引发火山喷发。霞客听当地人说："三十年前，山上都是大树巨竹，其中有火山湖，深不能测。"这些火山湖由于火山活动的影响，稍有震动，如脚步声一到，就会有波浪沸涌而起，人都不敢靠近。那次地震中，羊群和牧羊人死于地震，火山喷发的大火连天连夜，大树巨竹被烧光了，没有一点残存，地形地貌也发生了变化：火山湖成了陆地。霞客将

腾冲火山群

他所听到看到的这些都记录了下来。

　　崇祯十二年（1639年）五月初七日。霞客冒着风雨，望峡中蒸腾之气来到硫黄塘，只见一个有四五亩大的池子，池中热水蒸腾。霞客溯小溪西上，见东北有一个洞穴，像仰着张开的巨口，又被什么扼住喉管似的，水与气从中喷出，如炉口有风箱在下面扇火，水一时沸跃，一时又停息，做呼吸状。温泉跃出之势，风水交迫，十分有力。霞客几次想俯身朝洞中看看，都因水常常射出来而不能靠近。在热泉的周围，凿孔提取硫黄的当地人在忙碌着……

病归故里

一路考察山水名胜，霞客几经磨难，有时身无分文，有时疾病缠身，有时被弃山间。

崇祯十二年（1639年）四月二十七日，霞客游石房洞山。

此山陡峭，而土质疏松不能落脚，他只好用手指攀草根往上爬。

不一会儿，草根也抓不住了，幸而已经到了有岩石的地方。然而石头也不坚硬，一踩就破碎滑落。费了好大的力气，终于爬上山顶，得以观察洞中奇景。下山依然惊险。

这次历险，命没丢，钱却丢了。

起先，霞客将仅有的三十文钱，携带在手袖中，结果爬山时，手足无主，竟不知其钱抛到什么地方去了。身无分文只好把夹衣、袜子、裙子挂在外面出卖。过了

徐霞客纪念馆

好久，才有人花二百余文，买了一件丝绸裙子。他非常高兴，打酒买肉，美美地吃了一顿。

长期深入西南边地考察、探险，霞客的四肢和头上、面部都发了疹块。直等到返回鸡足山后，弘辨大师特地为他调制了草药，让他熏蒸，这才轻松了许多。

找到了治病的妙方，霞客高兴极了。可是，一直跟随他的仆人顾行，竟带着所有衣物银两逃走了！这又让他十分伤感，在日记中写道：

"离乡三载，一主一仆，形影相依，一旦弃余于万里之外，何其忍也！"

没办法，只好随他去了。

霞客一边调养，一边整理日记，给朋友们写信。

不久就着手应丽江木公之请，脩撰《鸡足山志》。为修志，他拄着竹杖，把整个鸡足山又游了一

遍，广泛搜集、参阅大量的资料、文献，花了三个多月的时间，《鸡足山志》总算脩撰成书，完成了木公的重托。

木公得知志书修成的同时，也得知霞客两足俱废且只身一人孤苦无依，痛惜之余，立即派出精壮的纳西汉子，要用轿子把霞客抬回江阴老家！

这是崇祯十三年（1640年）闰正月的一天。多日小雨霏霏，似乎云南总想多留霞客几天。

这天雨停了，云散雾开，霞客采了一束山茶花，体极、弘辨等大师备了素斋，到静闻墓前祭拜。霞客凝望苍洱，远眺玉龙、峨眉，与体极、弘辨大师等拱手惜别，登上青灰色的轿子，起程回故乡。

下了鸡足山，霞客一行经祥云清华洞，十多天后到了昆明，唐大来、吴方生，以及体空大师等，早已在城外的碧鸡关迎候。

霞客掀帘下轿，拄杖而立，众友奔而相扶。去年，快过年了，霞客执意西行；如今，刚过了年，霞客又才返回，朋友们无论如何要留霞客多住几日。霞客知道这一别再难相见，也就同意了。他虽足伤不能行，但朋友们的情意温暖了他，也化解了他的抑郁。

霞客兴致勃勃地给朋友们讲述西行见闻，拿出他采集的奇石、奇物和朋友们分享。这事，居然还让崇祯初年袭位的黔国公沐天波知道了。他用隆重的礼遇接见霞客。观赏霞客从滇西带回的奇树虬根时，他有意以重金购买。霞客开玩笑说：此非赵国之和氏璧，我只觉得合我的意而已，哪里能换十五座城呢？黔国公一听，对霞客的人品更是敬佩有加。

和昆明的朋友们话别后，霞客东行，取道寻甸、东川、昭通，从秦代所开凿的"五尺道"，过石门关（今豆沙关），在盐津下船转水路进入四霞客先沿石门江（今横江）而下，到安边入金沙江，航行几十公里后来到金沙江与岷江交汇的叙州（今宜宾市），接着溯岷江到定州，拜大佛，并睹大渡河、岷江、青衣江三江合流的壮观。

此时，他念念不忘的峨眉山，已经近在眼前，岂能不酬峨眉之愿？于是，弃舟登陆，再乘纳西汉子的轿子，登上了神圣的峨眉金顶！不知他是否看到了"佛光"？但他一定看到了西边远远的一带银光闪闪的雪山，那是西域康定境内的贡嘎大雪山吧？那么，鸡足山、点苍山、玉龙雪山在哪里呢？他的眼睛潮湿了，他只在心里默默地念着它们的名字……

下山后，霞客在峨眉寺院的青灯下，振笔疾书，完成了《溯江纪源》（一作《江源考》）这篇旷世论文，冲破被奉为权威的《禹贡》"岷山导江"的传统观念，在历史上第一次科学论证了金沙江才是长江的正源。他在兴奋中，把论文立即寄给友人。之后顺江而下，崇祯十三年（1640年）六月，经过将近180天的跋涉，在他出游必经的胜水桥下船，回到了故乡江阴南旸岐村。亲人们聚在桥头迎接他，远处那棵高出房顶的罗汉松也在迎接他。

半年之后，崇祯十四年正月二十七日（1641年3月8日），徐霞客与世长辞，享年54岁，葬于马桥之原（今霞客镇南旸岐村），墓碑上大书"明高士霞客徐氏之墓"。

徐霞客墓